여기는 파워섬
에너지를 배웁니다

여기는 파워섬
에너지를 배웁니다

서해경 글 | 김현영 그림

차례

1장 불을 에너지로 사용하는 파워섬   008
- 똑똑똑 에너지   에너지가 뭘까요   016

2장 바람과 물의 힘을 에너지로 이용해요   018
- 똑똑똑 에너지   물과 바람 등 자연에서 에너지를 얻어요   028

3장 소중한 나무가 사라져요   030
- 똑똑똑 에너지   불은 매우 중요한 에너지예요   040

4장 칙칙폭폭 증기기관이 움직여요   042
- 똑똑똑 에너지   증기기관을 이용해서 석탄을 캤어요   054

5장 불에 타는 기름을 발견했어요   056
- 똑똑똑 에너지   석탄, 석유, 천연가스는 화석연료예요   065

6장 불꽃이 튀고 머리카락이 섰어요 068
톡톡톡 에너지 전기 에너지가 뭘까요? 078

7장 원자핵을 쪼개면 에너지가 나와요 080
톡톡톡 에너지 핵에너지가 궁금해요 089

8장 전기가 사라진 세상 092
톡톡톡 에너지 대정전은 언제라도 생길 수 있는 사고예요 100

9장 반복해서 쓸 수 있고 깨끗한 재생 에너지 102
톡톡톡 에너지 다양한 재생 에너지 111

10장 에너지 문제, 힘을 모아 해결해요 114
톡톡톡 에너지 에너지 문제를 해결하기 위해 노력해요 124

추천의 글 126

파워섬 사람들은 다양한 에너지를 어떻게 이용하면 좋을지 연구하며, 더욱 에너지 넘치는 생활을 만들어 나가요.
파워섬에서 에너지가 어떻게 발전해 나가는지 만나 볼까요?

⚡ 1장 ⚡

불을 에너지로 사용하는 파워섬

사람이나 물체가 일할 수 있는 힘을 에너지라고 해요.
에너지는 우리가 생활하는 데 필요한 필수 요소예요.
에너지는 열에너지, 화학 에너지, 전기 에너지 등 형태가 다양해요.

"호빵, 호빵, 호호호빵. 달콤한 그 맛!"

동키 박사가 콧노래를 흥얼거리며 호빵 가게로 통통 뛰어갔어요.

"박사님, 호빵 사러 가시는군요."

대장간 아저씨가 동키 박사에게 인사했어요.

"네, 아침 아홉 시에 먹는 호빵은 제 인생의 기쁨이죠. 참, 쇠도끼는 아주 잘 쓰고 있습니다. 그럼 저는 이만……."

동키 박사는 다시 호빵 가게를 향해 걸었어요.

"박사님, 오늘은 날씨가 춥네요."

마당에서 아궁이에 불을 때던 목화 아줌마가 말을 걸었어요.

"정말 쌀쌀하네요. 아궁이에 불을 때고 계셨군요."

동키 박사도 모자를 살짝 들며 인사했어요.

"네, 목화솜 삶을 물을 끓이려고요."

"땔감을 태운 불로 물도 끓이고 몸도 따뜻하게 할 수 있으니 정말 좋군요. 그럼 저는 이만……."

어느새 호빵 가게에 도착한 동키 박사는 다짜고짜 말했어요.

"밤 꿀을 넣어 달콤하고 향긋한 호빵 주세요."

"어쩌죠? 제가 또 늦잠을 자서 불씨를 꺼뜨렸지 뭐예요, 호호홍."

호빵 아줌마가 어색하게 웃었어요.

"네? 오전 아홉 시인데 달콤한 호빵을 먹을 수 없다고요?"

동키 박사의 얼굴이 하얗게 질렸어요.

"지금 옆집에서 불씨를 얻어 오면 열두 시쯤엔 호빵을 만들 수 있을 거예요."

호빵 아줌마가 동키 박사에게 고개 숙이며 말했어요.

"휴, 하는 수 없죠. 열두 시에 다시 오겠습니다. 그때는 진짜로 호빵을 먹을 수 있는 거죠? 약속!"

동키 박사가 왼쪽 새끼손가락을 내밀었어요.

"호호호홍, 이럴 때 보면 아이 같다니까."

호빵 아줌마가 새끼손가락을 걸었어요.

"아휴, 내 정신 좀 봐. 얼른 불씨를 얻어 와야지."

호빵 아줌마는 옆집으로 출발했어요. 동키 박사는 호빵을 먹지 못해서 많이 초조했지만 어쩌겠어요, 파워섬에서 사용하는 에너지는 불밖에 없는데…….

동키 박사는 연구소로 돌아가는 길에 무디를 보았어요. 무디는 바닷가 절벽 밑에서 돌멩이를 줍고 있었어요.

"무디 군, 지금 뭘 하는 건가?"

"안녕하세요, 박사님. 불 피울 돌멩이를 찾고 있어요."

무디가 다가와 인사했어요.

"제가 어제 넘어지면서 돌멩이에 머리를 쿵 찧었거든요. 그 순간 눈에서 불이 번쩍하지 뭐예요! 이게, 제 머리에 부딪힌 돌멩이예요."

무디가 손바닥만 한 돌멩이를 보였어요.

"머리가 돌멩이에 부딪힌 충격으로 잠깐 별이 보인 것 아닌가. 그건 진짜 불이 아니라네. 그런데……, 흠."

동키 박사는 코가 간지러웠어요. 새로운 아이디어가 떠오를락 말락 할 때면 동키 박사는 항상 코가 간지러워요.

짝짝짝, 갑자기 동키 박사가 박수를 쳤어요. 그리고 무디에게 손을 내밀었어요.

"자네, 내 제자가 되게!"

"네? 제자요?"

무디는 고개를 갸웃하면서도 엉겁결에 동키 박사의 손을 잡았어요.

"자넨 생활 속에서 떠오른 아이디어를 진지하게 연구하는 사람이야. 관찰력과 탐구심이 훌륭해. 나는 에너지와 에너지원을 연구하네. 파워선의 에너지 발전을 위해 함께 노력하세."

"하하, 제가요? 글쎄요."

무디가 어색하게 웃었어요.

"자네 머리와 돌멩이, 아니 돌멩이와 돌멩이를 맞부딪치는 건 좋은 아이디어라네. 마찰을 이용해 불을 피우는 거야. 그러면 불이 꺼져도, 불씨를 빌리러 다닐 필요가 없지. 누구나 쉽게 불을 피울 수 있으니 얼마나 편하겠어. 좋아, 오늘의 연구 과제는 '돌멩이로 불 피우기'네. 당장 저 돌멩이들을 연구소로 옮기세."

동키 박사는 무디가 모은 돌멩이들을 품에 가득 안았어요. 그리고 나서 무디를 힐끔 쳐다봤어요.

"내 제자가 될 거지?"

"그럼요, 박사님!"

무디는 남은 돌멩이를 안으며 고개를 끄덕였어요.

동키 박사와 무디는 연구소 앞마당으로 돌멩이들을 옮겼어요. 땔감 더미 옆에 돌무더기가 쌓였어요.

"흠, 우리 파워섬에 이토록 다양한 암석이 있을 줄이야. 자, 이제 각각의 돌멩이를 맞부딪쳐 보세."

동키 박사의 말에 무디가 돌멩이들을 서로 맞부딪쳤어요. 하지만 탁 소리만 나고 불꽃은 생기지 않았어요. 돌멩이들을 짝을 바꿔 다 부딪쳤지만, 결국 불은 생기지 않았지요.

"실험 끝! 돌멩이를 맞부딪쳐도 불을 만들 순 없군."

동키 박사가 선언했어요.

"죄송해요. 괜히 저 때문에 고생만 하셨네요. 에잇, 쓸모없는 돌멩이!"

무디가 손에 쥔 돌멩이를 던져 버렸어요.

탁, 무디가 던진 돌멩이가 철로 만든 도끼에 부딪혔어요. 순간 팍 불꽃이 생겼어요.

"이럴 수가! 자네가 해냈네. 불꽃이 생겼어."

"분명 불꽃이 번쩍였어요."

무디가 소리를 지르며 펄쩍펄쩍 뛰었어요.

"어떤 돌은 쇠도끼에 부딪히면 불꽃이 생기는군. 좋아, 다시 실험해 보세."

동키 박사와 무디는 불을 만드는 실험을 계속했어요.

에너지가 뭘까요

사람은 성장하고 먹고 움직여요. 걷고, 축구를 하고, 공부하고, 노래를 부르고, 물건을 운반하죠. 사람뿐만 아니라 동식물도 성장하고 움직여요. 다양한 기계들도 저마다 일을 하고요. 스마트폰은 전화와 인터넷 등을 연결시키고, 자동차는 사람과 물건을 운반해요. 이렇게 사람이나 물체가 일할 수 있는 힘(능력)을 '에너지'라고 해요. 태양의 빛, 물, 공기 등의 비생물 요소도 에너지를 가지고 있어요. 사람과 동물은 음식을 먹어서 에너지를 만들어요. 식물이 에너지를 만들려면 물과 햇빛이 필요해요. 스마트폰은 전기, 자동차는 종류에 따라 휘발유나 전기가 필요하죠.

에너지원은 에너지를 만드는 자원이에요

인간이 처음 사용한 에너지원은 나무예요. 나무 덕분에 불을 이용할 수 있었지요. 불의 빛 에너지로 어둠을 밝히고, 천적을 쫓았어요. 불의 열에너지로 음식을 익혀 먹었고요. 시간이 지나면서 새로운 에너지원도 개발했어요. 석탄, 석유, 천연가스, 태양, 바람, 물, 지열 등 많은 에너지원을 이용했어요.

오래전부터 이용한
불의 열에너지, 빛 에너지

에너지는 형태가 다양해요

에너지는 열에너지, 빛 에너지, 운동 에너지, 위치 에너지, 화학 에너지, 전기 에너지 등 형태가 다양해요. 에너지 형태에 따라 특징 및 이용 방법이 달라요.

열 에너지   빛 에너지   운동 에너지

위치 에너지   화학 에너지   전기 에너지

2장
바람과 물의 힘을 에너지로 이용해요

인류는 자연의 힘을 에너지로 이용했어요.
바람이 세차게 부는 힘, 물이 위에서 아래로 떨어지는 힘,
태양의 빛과 열 등 자연의 힘을 다양한 방법으로 이용했어요.

드디어 동키 박사가 간절히 기다리던 열두 시가 되었어요. 동키 박사는 호빵 가게로 서둘러 달려갔어요.

"어머, 어쩌죠. 불은 피웠는데, 이번엔 밀가루가 똑 떨어졌지 뭐예요. 호호홍."

호빵 아줌마가 미안해서 어쩔 줄 몰라 했어요.

"왜요, 왜요? 6월에 수확한 밀이 벌써 없다고요?"

동키 박사는 이번에도 호빵을 못 먹어서 슬펐지만, 밀가루가 없는 이유도 궁금했어요.

"밀은 있는데, 제가 너무 바빠서 밀을 빻지 못했어요."

"제가 하겠습니다!"

동키 박사는 호빵을 먹을 수만 있다면, 밀을 빻는 일쯤이야 못할 것도 없었어요. 절구에 밀알을 넣고 절굿공이로 힘껏 내리쳤어요. 쿵쿵 쿵, 밀알이 으깨져 밀가루가 되었어요.

"이 정도면 충분해요. 정말 감사해요."

호빵 아줌마는 동키 박사가 빻은 밀가루를 가져가서 맛난 호빵을 만들었어요.

"오늘 호빵은 공짜예요."

호빵 아줌마가 유달리 큰 호빵 다섯 개를 동키 박사에게 건넸어요.

"잘 먹을게요. 어휴. 호빵아, 너 먹기 참 힘들다."

동키 박사는 김이 모락모락 나는 달콤한 호빵을 크게 베어 물었어요.

"흐흐, 너무 맛있어서 눈물이 납니다."

달콤한 단팥이 가득 든 따끈따끈한 호빵을 먹으니 밀을 빻느라 허리가 끊어질 듯했던 고통도 다 잊혔어요. 동키 박사는 연구소로 출발하며 호빵 아줌마에게 인사했어요.

"식기 전에 무디 군에게 가져다줘야지. 안녕히 계세요. 내일은 꼭 아침 아홉 시에 호빵을 파세요."

그러나 동키 박사는 연구소로 가는 길에 호빵을 다 먹어 버렸어요.

"아유, 무디 군에게는 미안하지만 도저히 못 참겠군."

그때, 타니아 제제가 동키 박사에게 달려왔어요.

"동키 박사님, 안녕하세요."

타니와 제제는 바람개비와 물레바퀴 중에 어떤 게 더 빨리 도는지 시합하려는 중이었어요. 타니가 동키 박사에게 심판을 부탁했어요.

"자네들은 사람 보는 눈이 있군. 사실 말일세, 난 심판에 딱 맞는 사람이라네."

동키 박사는 연구소로 돌아가는 것도 잊고, 심판에 나섰어요. 세 사람은 먼저 타니의 바람개비가 얼마나 빠른지 보려고 바람고개로 올라갔어요. 바람고개는 절벽처럼 가파르고 꽤 높았어요.

"헉헉, 바람고개가 생각보다 높군. 자, 일 분 동안 바람개비가 얼마나 도는지 세도록 하겠네. 내가 '시작' 하면 타니 양은 바람개비를 돌리게. 자, 준비…… 시작!"

타니는 바람개비를 쥔 오른손을 앞으로 쭉 내밀었어요. 고개 아래에서 불어오는 바람이 바람개비를 힘차게 돌렸어요.

"하나 둘 셋 넷 다섯 여섯 일곱 여덟 아홉, 에구, 숨차. 열넷 열다섯 열여섯 열일곱, 엄청 빠르군."

바람개비는 숨 쉴 틈도 없이 세차게 돌았어요.

"백서른둘 백서른셋, 끝. 일 분 지났네."

동키 박사가 시계를 보고 외쳤어요.

"해보나 마나 내가 이긴 것 같은데."

타니가 제제에게 말했어요.

"흥, 무슨 소리……! 내 실력을 보고 놀라지나 마."

제제가 콧방귀를 뀌었어요.

이번에는 제제와 타니, 동키 박사가 청룡폭포가 떨어지는 곳으로 갔어요. 청룡폭포는 2미터쯤 되어 보였어요.

"폭포수가 아래로 떨어지면서 물레바퀴를 돌릴 거예요."

제제는 물레바퀴 중심에 가늘고 긴 나무 막대를 끼웠어요.

"자, 일 분 동안 물레바퀴가 얼마나 도는지 세도록 하겠네. 제제 군, 준비하게. 시작!"

동키 박사가 시계를 보고 외쳤어요. 동시에 제제가 폭포수에 물레바퀴를 댔어요. 물레바퀴가 돌자, 동키 박사가 하나 둘 셋 횟수를 셌어요. 제제의 물레바퀴는 백스물하나에서 멈췄어요.

"에이, 요즘 비가 안 와서 물살이 약했어."

제제가 물레바퀴의 물기를 닦으며 투덜거렸어요.

"훗, 어쨌든 시합은 시합이야. 깨끗하게 졌다고 인정해. 그렇죠, 박사님? 어, 박사님, 괜찮으세요?"

타니가 놀라 동키 박사에게 다가갔어요. 동키 박사가 입을 쩍 벌린 채, 코를 벅벅 긁고 있었거든요. 이번에도 동키 박사의 코가 간지러웠어요. 갑자기 동키 박사의 눈에서 눈물이 주르륵 흘렀어요.

"내가 자네들같이 뛰어난 과학 인재를 몰라보다니……. 골짜기에서 산꼭대기로 부는 바람을 이용해서 바람개비를 돌린 타니 양, 물이 떨어지는 힘을 이용해 물레바퀴를 돌린 제제 군. 정말 정말 훌륭하네."

"이런 것쯤은 식은 죽 먹기예요."

제제가 어깨를 으쓱했어요.

동키 박사는 진지하게 타니와 제제에게 손을 내밀었어요.

"자네들, 내 제자가 돼라!"

"네, 제자요?"

타니와 제제가 동시에 물었어요.

"응, 그동안 파워섬은 불만 이용했어. 하지만 바람과 물도 훌륭한 에너지원이라는 것을 알았잖나! 그러니 나와 함께 바람과 물의 에너지를 이용해 멋진 작품을 만드세."

동키 박사의 간절한 눈빛에 타니와 제제도 흔쾌히 제자가 되기로 했어요.

그 뒤로 에너지 연구소는 바람과 물을 에너지로 이용하는 방법을 연구했어요.

"그래, 풍차와 수차를 만드세. 힘이 많이 드는 일에 이용하면 좋을 거야. 내가 밀가루를 빻아 보니 보통 힘든 일이 아니더라고."

동키 박사와 제자들은 바람고개에 큰 날개 네 개를 단 풍차를 세웠어요. 바람이 날개를 돌리면, 날개와 연결된 맷돌이 돌면서 곡식을 빻고 기름을 짰어요. 제제의 물레바퀴에서 아이디어를 얻어 수차도 만들었어요. 개천에 물길을 새로 만들어 폭포처럼 아래로 떨어지게 했지요. 떨어지는 물은 물레바퀴를 빙글빙글 돌렸어요. 그러면 물레바퀴에 연결된 물레방아가 쿵더쿵쿵더쿵 방아를 찧었지요.

물과 바람 등 자연에서 에너지를 얻어요

인류의 문명은 새로운 에너지원을 개발하며 발전해 왔어요. 인류는 자연의 힘을 이용하기 위해 다양한 발명을 했지요. 풍차는 바람의 힘으로 움직여요. 커다란 날개가 바람을 맞으면 빙글빙글 돌아요. 그러면 풍차와 연결된 방아가 돌면서 곡식의 껍질을 벗기고 가루를 내요. 올리브기름, 참기름 등을 짜기도 하고, 물을 퍼내는 데 이용하기도 해요. 수차는 물의 힘으로 움직여요. 물이 높은 곳에서 떨어지는 힘으로 바퀴가 빙글빙글 돌지요. 그러면 바퀴에 연결된 물레방아가 곡식을 빻고 기름을 짜요. 수차도 물을 퍼내는 데 이용해요.

바람의 힘을 이용한 풍차

물의 힘을 이용한 수차

에너지는 다른 형태로 바뀌어요

풍차는 바람의 운동 에너지가 방아의 운동 에너지로 바뀐 거예요. 수차는 높은 곳에 있는 물의 위치 에너지가 아래로 떨어지면서 물의 운동 에너지로 바뀌고 다시 방아가 움직이는 운동 에너지로 변한 거예요. 이렇게 에너지는 다른 에너지로 형태가 바뀌기도 해요. 에너지 형태가 변하는 것을 에너지 전환이라고 해요.

태양 에너지는 여러 형태로 바뀌어요

태양 에너지는 가장 강력한 에너지이면서, 여러 에너지로 변할 수 있어요. 식물은 햇빛을 받아 광합성을 해서 영양분을 만들어요. 우리는 식물을 먹고 힘을 내서 움직일 수 있어요. 또한 태양의 빛 에너지를 모아 전기 에너지를 만들 수 있어요. 태양의 열을 받으면 물이 증발해서 구름이 돼요. 구름은 비를 내리고, 높은 곳에 있는 물이 떨어지는 힘을 이용해서 발전기를 돌려요. 발전기는 전기를 만들어요.

3장
소중한 나무가 사라져요

불은 오랫동안 인류에게 중요한 에너지였어요.
불을 피워 물을 끓이거나 음식을 하고, 난방도 했어요.
불을 피우기 위해 인류가 오랫동안 사용한 에너지원은 나무예요.

"오늘도 불을 꺼뜨렸다고요? 왜요, 오늘은 또 무슨 이유인가요?"

호빵 가게 앞에서 동키 박사가 두 손으로 머리를 움켜쥐며 부르짖었어요.

"호호홍, 오늘은 불을 땔 땔감이 떨어졌지 뭐예요. 땔감을 주문했는데 안 오네요, 호호홍."

호빵 아줌마가 멋쩍게 웃었어요.

"땔감이 오늘의 행복을 빼앗는군요."

동키 박사는 어깨가 축 처져서 연구소로 향했어요. 가다가 나무를 베어 집집마다 배달하는 나무꾼 아저씨를 만났어요.

"땔감을 호빵 가게에 먼저 배달해 주시면 안 될까요?"

동키 박사는 두 손을 모으고 두 눈을 초롱초롱하게 반짝이며 간절하게 말했어요.

"어쩌죠. 배달할 나무가 다 떨어졌어요. 파워섬에서 나무가 사라지고 있어요. 정말 큰일이에요."

"뭐라고요? 지금 호빵 타령할 때가 아니군요. 나무는 파워섬의 유일한 연료니까요."

나무꾼 아저씨의 말을 듣고 동키 박사는 얼른 연구소로 돌아갔어요.

"안녕하세요, 박사님."

동키 박사의 제자가 된 무디, 타니, 제제가 동키 박사를 맞았어요.

"전혀 안녕하지 못하네. 오늘도 호빵을 못 먹었거든. 그보다 더 큰 일도 있고. 그런데 연구소가 좀 썰렁하군."

"연구소에 땔감이 다 떨어졌어요."

무디가 양팔을 비비며 말했어요.

"우리 집은 요즘 요리할 때만 땔감을 써요. 아마 다른 집들도 마찬가지일걸요."

제제가 덧붙였어요.

"큰일이야. 파워섬에 에너지 위기가 닥치고 있어."

동키 박사는 제자들에게 나무꾼 아저씨와 나눈 얘기를 들려줬어요.

"나무가 사라지면 이제 에너지를 얻기 위해 무얼 연료로 써야 해요? 정말 큰일이네요."

타니가 말했어요.

"에너지 문제는 우리끼리 결정할 수도, 해결할 수도 없네. 먼저 천불 할머니에게 이런 사정을 알려야겠네."

동키 박사는 파워섬 주민들에게 존경받는 천불 할머니를 만나러 번개산으로 향했어요. 번개산은 파워섬에서 가장 높은 산으로 하늘의 불이 떨어진 산이에요. 아주아주 먼 옛날, 하늘에서 번개산의 천불 할머니 집에 불이 떨어졌대요. 그래서 천불 할머니 집안은 대대로 천불을 지키며 살고 있다고 해요. 동키 박사는 속으로는 벼락이 우연히 번개산의 나무에 떨어져서 불이 났으리라고 생각했지만, 더는 말하지 않았어요. 어릴 적에 그런 생각을 말했다가 고집 할아버지와 마을 어른들에게 된통 혼났거든요.

이마에 땀이 송골송골 맺힐 무렵, 번개산 꼭대기에 도착했어요. 동키 박사는 파워섬을 내려다봤어요. 집집마다 굴뚝에서 하얀 연기가 솟고 있었지요.

"휴, 저렇게 모든 집에서 나무로 불을 때니 나무가 사라질 수밖에 없지."

동키 박사는 한숨을 쉬며 천불 할머니를 찾아 돌계단을 내려갔어요.

"어머나 세상에, 호빵 좋아하는 동키 박사구먼. 정말 오랜만일세. 마지막으로 봤을 때가 언제였는지 기억도 안 나는군. 그런데 어쩐 일인가?"

커다란 아궁이에 불을 때던 천불 할머니가 동키 박사를 알아봤어요.

"안녕하세요, 천불 할머니."

동키 박사는 천불 할머니에게 인사한 뒤, 파워섬에 닥친 에너지 문제를 설명했어요.

"쯧쯧, 세상에 그런 일이 있었군. 나는 오래도록 이곳을 나가지 않아서 아무것도 몰랐네."

천불 할머니가 혀를 찼어요.

"그래서 천불 할머니에게 부탁이 있어요. 파워섬 주민들을 모아 주세요. 함께 에너지 문제를 해결할 방법을 의논하고 싶어요."

"그게 뭐 어려운가? 걱정 말게. 내일 당장 주민들에게 에너지 연구소에 모이라고 하겠네."

천불 할머니가 동키 박사의 어깨를 두드리며 웃었어요.

이틀 뒤, 에너지 연구소에 파워섬 주민 대표들이 모였어요. 동키 박사는 땔감으로 쓸 나무가 부족해서 새로운 에너지원을 찾아야 한다고 말했어요.

"어림없는 소리! 새로운 에너지원이라니. 우리 파워섬은 할아버지의 할아버지의 할아버지의…… 셀 수 없이 많은 조상 할아버지 때부터 나무를 때며 살았어. 파워섬의 전통을 깨는 건 절대 반대네."

고집 할아버지가 단호하게 고개를 저었어요.

"나무가 없다고 하잖아요. 땔나무가 없는데 어떻게 불을 때겠소?"

천불 할머니가 고집 할아버지에게 말했어요.

"저, 그러면 다른 분들의 의견도……."

동키 박사가 두 사람 사이에 끼어들었지만, 고집 할아버지의 말에 가로막혔어요.

"나무는 심기만 하면 저절로 쑥쑥 자라지 않소."

"저, 그래서 다른 사람들의 상황은 어떤지……."

동키 박사가 다시 말을 꺼냈지만, 이번엔 천불 할머니에게 막혔어요.

"나무가 땔감으로 쓸 만큼 자라려면 오랜 시간이 걸린다오."

"아니, 나무꾼 자네는 숲이 헐벗을 정도로 나무를 마구 벴나?"

고집 할아버지가 나무꾼 아저씨를 보며 쯧쯧 혀를 찼어요.

"나무꾼 탓이 아니우. 셀 수 없이 많은 조상 때부터 나무를 에너지 원 사용했으니 이제 나무가 동이 난 거지."

천불 할머니가 말했어요.

"그, 래, 서, 제가 다른 분들의 의견을 들어 보자고 했잖아요!"

동키 박사가 크게 소리를 질렀어요.

"그거참, 누가 듣지 말자고 했나?"

고집 할아버지의 말에 천불 할머니가 고개를 끄덕였어요. 어처구니 없어하는 동키 박사를 제치고 나무꾼 아저씨가 말했어요.

"파워섬에 땔감으로 쓸 만한 나무는 거의 남지 않았습니다. 새로운 에너지원이 없다면 이번 겨울을 넘기기 힘들 겁니다."

"우리 집은 땔감이 부족해서 밥 지을 때만 불을 피워요. 추워서 아이들이 감기에 자주 걸려요."

목화 아줌마가 목멘 소리로 말했어요.

"저도 마찬가지예요. 호빵을 만들 땔감이 없어서 가게 문을 닫아야 할 지경이에요."

호빵 아줌마도 맞장구를 쳤어요.

"안 됩니다. 호빵을 못 만든다니, 절대 안 됩니다!"

동키 박사가 다급히 외쳤어요.

"에너지 문제가 진짜 심각하구먼. 그 정도인 줄은 몰랐네."

고집 할아버지가 한숨을 내쉬었어요.

"나무 대신 쓸 수 있는 에너지원을 찾으면 됩니다. 우리 에너지 연구소가 새로운 에너지와 에너지원을 찾겠습니다."

동키 박사가 두 눈에 힘을 잔뜩 주며 주민들에게 약속했어요.

"박사님, 제가 도울 일이 있으면 언제든지 얘기하세요. 뭐라도 돕겠습니다."

마을 주민들이 저마다 파워섬의 에너지 문제를 해결하기 위해 나섰어요.

"나라면 파워섬의 역사를 찾아볼 걸세. 뭐, 파워섬의 기록 같은 게 필요하면 말하게. 우리 집안은 대대로 파워섬의 역사를 기록하고 있으니까."

고집 할아버지가 혼잣말하듯 중얼거렸어요.

"우아! 감사합니다. 분명 엄청나게 도움이 될 거예요."

동키 박사가 흥분해서 고집 할아버지를 덥석 안았어요.

"다 함께 나서면 파워섬의 에너지 문제를 극복할 수 있을 걸세."

천불 할머니가 사람들을 둘러보며 말했어요.

"네, 물론이죠."

파워섬 사람들 모두 힘차게 고개를 끄덕였어요.

불은 매우 중요한 에너지예요

원시 인류는 불을 사용할 줄 몰랐어요. 벼락 맞은 나무가 불타거나 용암이 숲을 태울 때 불을 볼 뿐이었지요. 그러다 약 200만 년 전, 인류는 불이 매우 쓸모가 많다는 걸 알게 됐어요. 불은 어둠을 밝히고 몸을 따듯하게 해 줬어요. 야생 동물의 공격을 막을 수 있었고, 날것을 불에 익혀 먹으면 부드럽고 맛도 좋았어요. 소화도 잘되고 배탈도 덜 났지요.

인류는 점점 불을 능숙하게 사용했어요. 불에 구워 그릇을 만들고, 암석 속에 있는 금속도 불을 이용해서 분리했어요. 암석을 태우면 암석 속에 있는 금속이 녹아서 나와요. 이 금속으로 다양한 도구와 무기, 장신구 등을 만들면서 인류는 청동기 시대를 열었어요. 그리고 청동기보다 더 단단한 철기를 이용하면서 철기 시대를 열었지요.

오늘날 열에너지는 이렇게 쓰여요

전기를 만드는 화력 발전소는 연료를 태워 열을 만들어요. 이 열로 물을 끓이면 수증기가 나오고, 수증기가 터빈을 돌리면서 전기를 만드는 거예요. 자동차와 비행기, 로켓도 불 덕분에 움직여요. 자동차는 석유를 태워 만든 열에너지로 엔진을 작동시키고, 비행기는 석유를 태워 나온 열로 터빈을 움직여서 날지요. 우주까지 날아가는 로켓 역시 연료를 태워 만든 고온의 가스가 팽창하는 힘으로 우주까지 솟아오르는 거예요. 원시 시대부터 오늘날까지 불은 인류의 문명이 발전하는 데 큰 역할을 했답니다.

나무는 매우 중요한 에너지원이에요

인류는 불을 피우기 위해 오랫동안 나무를 사용했어요. 나무는 아주 소중한 에너지원이었어요. 불을 때는 데 사용할 뿐만 아니라, 집을 짓고, 배를 만들고, 각종 도구와 무기도 만들었어요. 나무로 숯을 만들 수도 있어요. 하지만 수십만 년 동안 나무를 사용하면서 나무가 줄어들었어요. 나무를 대신할 새로운 에너지원을 찾아야 했지요.

나무

나무를 구워 만든 숯

나무로 만든 수레

나무로 만든 책걸상

나무로 만든 집

나무 열매

041

⚡ 4장 ⚡
칙칙폭폭 증기기관이 움직여요

증기기관의 발명으로 인류는 생활에 큰 변화를 맞이했어요.
석탄을 쉽게 캐낼 수 있게 되었을 뿐만 아니라,
기계의 발전으로 대량 생산이 가능해졌고, 운송 기관도 발전했어요.

"박사님, 이것 좀 봐 주세요."

어느 날, 나무꾼 아저씨가 찾아왔어요. 나무꾼 아저씨는 등산을 하다가 우연히 검은거인산 동굴에서 신기한 돌을 발견했대요.

"오호! 아주 흥미롭군요. 분명 암석인데, 얇은 판들이 켜켜이 쌓인 것처럼 보입니다."

동키 박사가 검은 돌멩이 입자를 확대해서 보며 말했어요.

"그렇죠? 딱 보니까 뭔가 특별한 돌이라는 느낌이 팍 오더라고요. 숯이랑 비슷한 것도 같고요."

"숯과 비슷한 돌이라……. 그럼 숯인지 돌인지 실험해 봅시다. 숯과 돌을 구분하는 건 아주 간단해요. 불을 붙여 보는 거죠. 무디 군, 불을 가져오게."

동키 박사는 화로에 낙엽을 수북하게 깔고 그 위에 검은 돌멩이를 올렸어요. 그리고 나서 낙엽에 불을 붙였어요. 낙엽에 붙은 불이 돌멩이에 옮겨붙자, 돌멩이는 불꽃을 만들며 탔어요. 매캐한 냄새와 짙은 회색 연기를 뿜어냈지요.

캑캑 다들 기침하며 뒤로 물러났어요. 동키 박사는 불타는 돌과 눈싸움이라도 하듯 계속 노려봤어요. 비록 눈물을 줄줄 흘리며 쉼 없이 콜록거렸지만요. 얼마쯤 시간이 흐르자 하얀 재로 변한 검은 돌멩이에서 불이 꺼졌어요.

"불타는 암석이라……."

동키 박사가 코를 긁으며 말했어요.

"그걸 '석탄'이라고 불러요. 숯처럼 불타는 돌이라는 뜻으로요."

제제가 재미있는 이름을 생각해 냈어요.

"드디어 나무 대신 사용할 새로운 에너지원을 찾은 것 같습니다!"

동키 박사가 엄숙하게 말했어요. 검댕이 잔뜩 묻은 얼굴에 눈물이 줄줄 흘러 세로줄을 만들고 있었지만, 파워섬에 커다란 발전이 시작되었음을 알리는 중요한 선언이었어요.

"그렇다면 이제부터 나무 대신 석탄을 에너지원으로 사용하면 되겠네요. 석탄은 나무보다 가볍고 양이 적어도 오래 타더군요. 이제부터 저는 석탄을 캐는 광부가 되겠습니다. 허허허."

새로운 일을 찾은 나무꾼 아저씨는 희망에 부풀었어요.

"그런데 땅속에 묻힌 석탄을 캐려면 지하수 때문에 힘들 텐데요."

동키 박사의 말에 나무꾼 아저씨의 표정이 금세 어두워졌어요.

"하지만 걱정 마세요. 제가 증기의 힘을 이용해서 지하수를 퍼내는 펌프를 만들면 되니까요."

"증기의 힘이요?"

"네. 물을 끓이면 수증기로 변하면서 부피가 팽창해요. 수증기의 압력을 이용하면 기계를 움직일 수 있죠. 나무는 금방 타고 높은 열을 내지 못해서 증기의 힘을 이용하기 어려웠지만, 석탄은 가능할 거예요."

동키 박사가 코를 긁으며 말했어요.

"증기로 움직이니까 '증기기관'이라고 부르면 어때요?"

이번에는 무디가 좋은 이름을 생각해 냈어요.

"증기기관이라, 딱 맞는 이름이군. 당장 대장간 아저씨에게 증기기관에 필요한 펌프를 만들어 달라고 주문하세."

동키 박사는 증기기관 펌프 설계도를 들고 대장간을

찾아갔어요. 대장간 아저씨는 흔쾌히 펌프를 만들었지요.

마침내 증기기관을 처음 시험해 보는 날이 되었어요.

"기계를 작동시키겠습니다."

타니가 증기기관의 보일러에 석탄을 넣었어요. 석탄이 타면서 보일러 안에 든 물을 끓이자 증기가 풍풍 솟았어요. 증기는 실린더로 들어가서 피스톤을 밀어냈지요. 피스톤이 움직이자, 피스톤과 연결된 펌프가 위아래로 움직였어요. 곧 펌프가 뽑아 올린 지하수가 땅 위로 펑펑 쏟아졌어요.

"와, 이제 석탄을 마음껏 캘 수 있겠네요!"

나무꾼 아저씨는 환호하며 말했어요.

"박사님, 처음 캔 석탄은 꼭 에너지 연구소에 보내드리겠습니다."

그러자 동키 박사가 슬쩍 새끼손가락을 내밀었어요.

"약속!"

증기기관으로 기계를 움직인다는 소문이 파워섬에 퍼졌어요. 목화 아줌마도 소문을 듣고 에너지 연구소를 찾아왔어요.

"지금까지 사람이 직접 목화와 양털에서 실을 뽑고 실을 짜서 옷감을 만들다 보니 옷감이 아주 귀하고 비쌌어요."

목화 아줌마가 말했어요.

"박사님이 만든 증기기관으로 실을 잣고 옷감을 짜는 기계를 만들 수 있을까요?"

목화 아줌마가 동키 박사에게 조심스럽게 부탁했어요.

"걱정하지 마십시오. 그럴 줄 알고 이미 방직기를 만들어 놨답니다."

"어머, 대단해요! 그럼 보답으로 방직기로 짠 첫 번째 옷감은 박사님한테 선물할게요."

목화 아줌마가 말하자 동키 박사가 슬쩍 새끼손가락을 내밀었어요.

"약속!"

목화 아줌마는 콧노래를 부르며 옷감 짜는 기계를 실어 갔어요.

하루는 나무꾼 아저씨가 에너지 연구소를 찾아왔어요.

"박사님 덕분에 석탄을 많이 캤습니다. 감사합니다."

"약속대로 처음 캔 석탄을 보내주셨더군요. 감사히 잘 쓰고 있어요."

동키 박사는 연구소 뒷마당에 산처럼 쌓인 석탄을 가리켰어요. 그러나 나무꾼 아저씨는 근심스러운 얼굴로 말을 이었어요.

"저, 그런데 석탄을 파워섬 곳곳에 실어 나르기가 힘드네요. 수레에 실어 옮기자니, 수레를 끄는 말과 소도 부족하고, 많은 양을 옮기기도 어렵습니다."

동키 박사가 고개를 끄덕이며 말했어요.

"그렇군요. 많은 사람과 짐을 한꺼번에 옮길 수 있는 운송 수단이 필요하겠네요."

"박사님, 증기를 이용하면 어떨까요? 수레를 여러 개 연결해서 증기 기관으로 움직이는 거예요."

무디가 동키 박사와 나무꾼 아저씨의 말을 듣다가 말했어요.

"아주 좋은 생각이네, 무디 군. 그런데 문제가 있다네. 길이 울퉁불퉁해서 여러 수레가 같이 움직이다가 뒤집히기라도 하면 큰일 아닌가."

"길을 평평하게 만들면 되잖아요."

이번엔 제제가 말했어요.

"누가 파워섬의 모든 길을 평평하게 만들 수 있겠는가? 날 부려 먹을 생각은 말게. 요즘 너무 피곤해서, 증기기관이 호빵을 태우는 악몽까지 꾼다네. 무엇보다 난 팔이 이렇게 가냘프다네."

동키 박사가 소매를 걷어 팔까지 보이며 엄살을 떨었어요.

"길 전체를 평평하게 만들 필요는 없을 거 같아요. 수레바퀴가 굴러갈 정도로만 평평하면 되니까요."

무디가 눈을 반짝이며 말했어요.

"수레바퀴가 굴러갈 정도로만 평평한 길이라…….
무디 군, 자네는 역시 아이디어 왕이네. 그래, 오른 바퀴,
왼 바퀴가 굴러갈 정도로만 좁게 평평한 길을 만들면 되겠어."

쉬고 싶다던 동키 박사도 눈을 번쩍였어요.

"그런데 그 좁은 길도 누군가 만들어야 하잖아요. 돈이 꽤 많이 들
거 같은데요."

타니가 이마에 주름을 만들며 중얼거렸어요.

"그건 염려 마십시오. 증기기관 덕분에 저는 큰 부자가 되었습니다.
제가 수레바퀴가 굴러갈 평평하고 좁은 길을 놓겠습니다. 허허허."

나무꾼 아저씨가 손으로 가슴을 툭 쳤어요.

"무거운 수레가 지나가도 끄떡없게 철로 길을 만드세요. 철도 말입니다."

동키 박사가 말했어요.

"와우, 정말 멋질 것 같아요. 파워섬 전체를 연결하는 철도라······. 아 참, 철도 위를 달리는 긴 수레에는 동키 박사님과 제자 분들을 제일 먼저 태우겠습니다."

나무꾼 아저씨는 흥분해서 두 손을 비볐어요.

동키 박사는 이번에도 새끼손가락을 내밀었어요.

"약속!"

곧 파워섬에는 증기기관으로 움직이는 기차에 이어 배도 등장했어요. 대장간 아저씨는 증기기관으로 작동하는 다양한 기계를 만들었지요. 기계를 작동시켜 물건을 만드는 공장이 세워졌고, 산업이 발전했어요. 파워섬 사람들은 공장에서 만들어 낸 다양한 물건을 손쉽게 살 수 있었어요.

증기선은 더 먼 강과 바다까지 더 빨리 나갔고, 더 많은 물고기와 사람을 실어 나를 수 있었어요. 먼 바다에서 잡은 문어가 든 문어빵과 진짜 붕어가 든 붕어빵이 파워섬에서 유행했어요. 증기기관으로 작동하는 방직기는 밤낮으로 질 좋은 옷감을 만들었어요. 덕분에 파워섬 사람들은 옷장 가득 새 옷을 살 수 있었어요.

증기기관차와 증기선을 타고 먼 곳으로 여행하는 사람도 많아졌어요. 무역이 활발해졌고 먼 곳의 주민들도 파워섬을 찾아왔지요. 파워섬 주민들은 새로운 음식도 먹으며, 다양한 문화를 접할 수 있었어요. 파워섬은 빠르게 발전했지요.

증기기관을 이용해서 석탄을 캤어요

석탄을 캐려고 땅을 파면 지하수가 고였어요. 그 물을 퍼내야 했는데, 지하 깊은 곳에 고인 물을 사람이 퍼내는 건 아주 힘들었어요. 다행히 증기기관을 만들어서 펌프를 작동시켜 물을 뽑아냈지요. 그 뒤로 증기기관은 다양한 기계와 운송 기관에 이용됐어요.

증기기관을 사용하면서 생활이 크게 달라졌어요

증기기관으로 움직이는 기계는 물건을 빠르게 많이 만들 수 있어요. 또한 기계는 쉬지 않고 일할 수도 있어요. 실을 뽑는 기계, 천을 짜는 기계를 만들어서 옷을 대량으로 만들었고, 섬유 산업이 크게 발전했어요. 사람이 직접 소규모로 물건을 만드는 가내 수공업과 공장제 수공업은 공장에서 대량으로 물건을 만드는 공장제 기계공업으로 바뀌었어요. 증기기관으로 움직이는 농기계가 발명되어 농업에서도 기계화가 시작됐어요.

증기기관차, 증기선은 더 많은 짐과 사람을 더 멀리, 더 빨리 운반할 수 있었어요. 전 세계를 다니며 더 쉽게 무역할 수 있게 되면서 원자재와 상품을 서로 사고팔았지요. 이처럼 증기기관은 다양한 산업을 크게 발전시켜서 '산업혁명'을 이끌었어요.

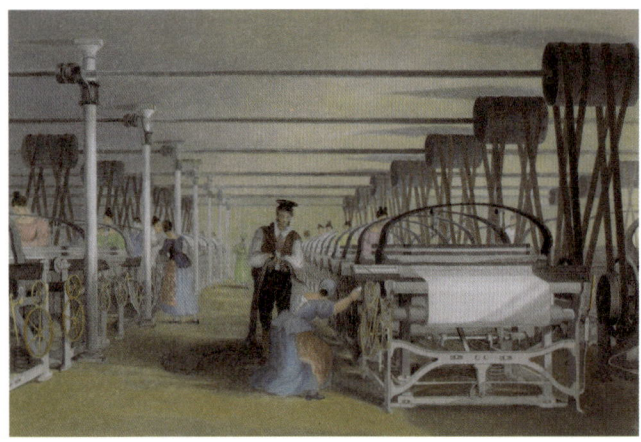

산업혁명이 일어난 19세기 공장을 그린 그림

증기기관의 원리

증기기관은 보일러, 피스톤, 바퀴가 합쳐진 거예요. 보일러는 석탄으로 물을 끓여서 증기를 만드는 역할을 해요. 그렇게 만들어진 증기는 피스톤을 앞뒤로 움직이게 해요. 그러면 피스톤과 바퀴를 연결한 막대가 움직이면서 바퀴가 돌아가요.

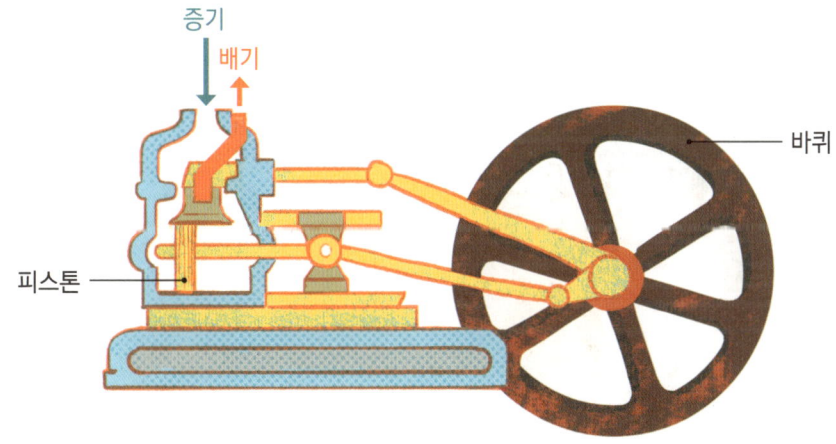

제임스 와트의 증기기관

5장
불에 타는 기름을 발견했어요

석탄, 석유, 천연가스는 연소하며
빛 에너지와 열에너지를 제공하는 대표적인 화석연료예요.
인류는 화석연료를 다양하게 이용하며 문명을 발전시켰어요.

어느 날, 고집 할아버지와 천불 할머니가 에너지 연구소를 찾아왔어요. 고집 할아버지는 옷감 공장에서 만든 모직물로 만든 멋진 양복을 입고 있었어요. 두 분은 증기선을 타고 여행을 가려는 참에 잠깐 들른 거였어요.

"석탄을 사용하는 것을 보니 옛 책에서 읽은 내용이 떠오르더군."

고집 할아버지가 말했어요.

"어떤 내용입니까?"

동키 박사가 물었어요.

"칠백 년쯤 전에 조개사막에서 불이 솟구쳐서 석 달 열흘 동안 불탔다는 내용이라네."

"조개사막이라면 풀 한 포기 없는 곳인데, 어떻게 불이 날 수 있죠?"

옆에 있던 무디가 고개를 갸우뚱거렸어요.

"흠, 뭔가 냄새가 납니다. 파워섬에 새로운 발전이 시작될 것 같은 냄새, 새로운 에너지원을 발견할 것 같은 냄새요. 이 코가 마구 간지럽거든요."

동키 박사가 코를 긁적였어요.

"이걸 주겠네. 조개사막의 옛 지도인데 도움이 됐으면 좋겠군. 그럼 우린 여객선이 곧 출발할 시간이라 가야겠어."

고집 할아버지가 동키 박사에게 낡은 지도를 건넸어요. 고집 할아버지와 천불 할머니를 배웅하고, 동키 박사와 세 제자는 조개사막으로 출발했어요.

"저기 커다란 바위가 보이는 곳이 조개사막이에요."

타니가 멀리 보이는 바위를 가리켰어요.

가까이 가 보니 여러 개의 커다란 바위는 군데군데 검게 그을린 흔적이 있었고, 주변의 모래는 검게 변해 있었어요. 바위 사이에는 검은 액체가 고여 있었지요.

"검은 죽처럼 보여요. 윽, 냄새가 아주 별로네요."

제제가 코를 막고 뒤로 물러났어요.

"무디 군, 미안하지만 내 코 좀 잡아 주게. 내 코는 상당히 민감하니까."

무디는 동키 박사의 코를 잡으려다 멈칫하더니, 집게로 동키 박사의 코를 집어 주었어요.

동키 박사는 손잡이가 있는 비커로 검은 액체를 가득 떴어요. 검은 액체를 자세히 보니 찐득하고 걸쭉한 기름 같았어요.

"이상하군. 분명 고약한 냄새가 났는데 가까이에서 냄새를 맡으니 오히려 냄새가 안 나는군."

동키 박사가 액체에 코를 대고 킁킁거리며 중얼거렸어요.

그러자 옆에 있던 무디가 집게를 빼 주었어요.

"윽!"

동키 박사가 얼굴을 찡그리며 잽싸게 고개를 돌렸어요.

"불을 붙이실 거죠?"

옆에 있던 제제가 성냥을 내밀며 말했어요.

"이제 손발이 척척 맞는군. 고맙네."

동키 박사는 성냥을 그어 불을 붙여 비커에 넣었어요.

확! 순식간에 비커 속 검은 액체에 불이 붙고 검은 연기와 고약한 냄새가 솟구쳤어요.

"으악!"

동키 박사는 뒤로 벌러덩 자빠졌어요. 모자가 날아가고 눈썹이 홀라당 탔어요. 얼굴은 검게 그을렸고요. 하지만 동키 박사의 코는 근질근질 가려웠어요.

"어, 떻, 게, 액체에 불이 붙지?"

"박사님 괜찮으세요? 순식간에 큰불이 났어요."

타니가 동키 박사에게 달려왔어요. 동키 박사는 미친 듯이 검은 액체가 고인 땅을 삽으로 파기 시작했어요. 타니와 제제, 무디도 동키 박사를 따라 땅을 팠어요. 구덩이가 깊어지고 커질수록 점점 더 많은 검은 액체가 구덩이에 고였어요.

동키 박사가 구덩이 옆에 쌓인 모래에 삽을 힘껏 꽂으며 엄숙하게 선언했어요.

"또다시 자네들과 파워섬의 새 에너지원을 발견했군. 이 검은 액체가 가진 에너지는 나무나 석탄과는 비교할 수도 없을 만큼 큰 것 같네."

"이 검은 액체를 돌에서 나오는 기름이란 뜻으로 석유라고 불러요."

이번에도 무디가 아이디어를 냈어요.

"석유라…… 석유는 틀림없이 파워섬에 엄청난 변화를 가져올 거야."

동키 박사가 눈썹이 있던 자리를 문지르며 말했어요.

동키 박사의 말대로 파워섬은 석유를 에너지원으로 사용하면서 빠르게 발전했어요. 석탄을 이용할 때는 증기기관차와 증기선에 석탄을 산처럼 실어야 했지만, 석유는 조금만 실어도 충분했어요. 석탄을 실었던 칸에 석탄 대신 짐과 사람을 더 실을 수 있었지요. 더 많은 물건을 싣고 더 먼 곳까지 이동할 수 있었어요. 공장에서는 더 많은 물건을 더 빨리 만들어 냈어요. 자동차를 몰고 다니는 사람도 많아졌어요. 파워섬 주민

들의 생활도 크게 달라졌어요. 집집마다 석유를 태운 호롱불로 불을 밝혔고, 석유난로로 난방을 하고, 석유곤로에 음식을 조리했어요.

"석유는 석탄보다 적은 양으로 더 많은 에너지를 만들 수 있어서 좋아요. 운반하는 데 힘도 덜 들고요."

"그래도 석탄이 싸고 은근하게 오래 타니까, 집 난방은 석탄 보일러로 하는 게 좋아요."

파워섬 사람들은 석탄과 석유를 마음껏 사용했어요. 아무도 석탄과 석유를 아끼지 않았어요.

동키 박사와 제자들은 석유를 계속 연구했어요.

"석유가 고인 바위에 구멍을 내면 가스가 솟아나요. 그 가스도 사용할 수 있지 않을까요?"

타니가 천연가스를 보고 아이디어를 떠올렸어요.

"바닥에 석유 찌꺼기가 잔뜩 남았어요. 이것도 사용할 수 있는 방법을 연구해 봐요. 그냥 버리면 아깝잖아요."

무디는 석유통을 들여다보며 말했어요.

"자네들 말에 백배 천배 동의하네."

동키 박사는 제자들의 말을 들으며 고개를 끄덕였어요.

그날부터 동키 박사와 제자들은 석유를 잘 이용할 수 있는 방법을 연구했어요. 그 덕분에 에너지 연구소는 저녁 늦게까지 불이 꺼질 줄 몰랐답니다.

석탄, 석유, 천연가스는 화석연료예요

물질이 산소와 만나 빛과 열을 내면서 다른 물질로 변하는 현상을 '연소'라고 해요. 예를 들어, 나무는 연소하면 빛 에너지와 열에너지를 내면서 재로 변하지요. 나무, 숯, 석탄, 석유, 천연가스처럼 연소하는 물질을 '연료'라고 해요. 석탄, 석유, 천연가스는 아주 오래전 지구에 살았던 동식물이 지하에 묻혀 오랫동안 높은 열과 압력을 받아 만들어졌어요. 그래서 화석연료라고 불러요.

석탄, 석유, 천연가스를 이용해요

석탄은 수억 년 전에 살았던 거대한 식물이 땅에 묻힌 다음에 열과 압력을 받아 만들어진 고체 연료예요. 나무보다 오래 타고 더 많은 열을 내요. 나무보다 가볍고 부피가 작아서 운반하기도 더 편하죠.

석유는 공룡이 살았던 백악기와 쥐라기 시대에 호수와 바다에 살던 생물이 지하에 묻혀 높은 열과 압력을 받아 만들어진 액체 연료예요.

천연가스는 석유와 함께 묻혀 있던 가스 상태의 연료예요. 석탄, 석유에 비해 오염 물질이 적게 배출돼요. 가스관으로 보내져서 각 가정의 난방 보일러와 가스레인지 등에 사용해요. 그래서 '도시가스'라고도 불려요

석탄

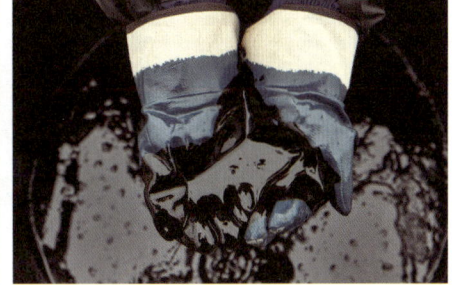

석유

석유는 꼭 필요한 만큼만 똑똑하게 써요

유전에서 뽑아낸 석유는 '원유'라고 해요. 원유의 주성분은 탄화수소예요. 탄화수소가 바로 불에 타는 연료예요. 원유에는 다른 종류의 물질도 섞여 있어요. 그중에 질소나 황 등은 타면서 환경 오염 물질을 만들어요. 그래서 원유에서 질소나 황 등의 물질을 제거해야 해요. 또 탄화수소도 종류가 여러 가지여서 종류별로 나누는 작업을 해요. 이런 과정을 '정제'라고 해요.

원유 속에 섞인 물질들은 저마다 다른 온도에서 끓어요. 그래서 원유를 증류탑에 넣고 끓여서 같은 종류끼리 분리하지요.

분리된 석유는 각각 난방과 운송 기관의 연료, 기계 등에 사용하고, 원유의 찌꺼기는 아스팔트로 사용해요. 이뿐만 아니라 플라스틱, 섬유와 고무, 각종 세제 같은 화학 물질을 만드는 재료로도 쓰여요. 석유가 들어가지 않는 물건이 거의 없을 정도예요.

석유를 가공하여 만든 대표적인 제품, 플라스틱

원유를 정제하는 과정

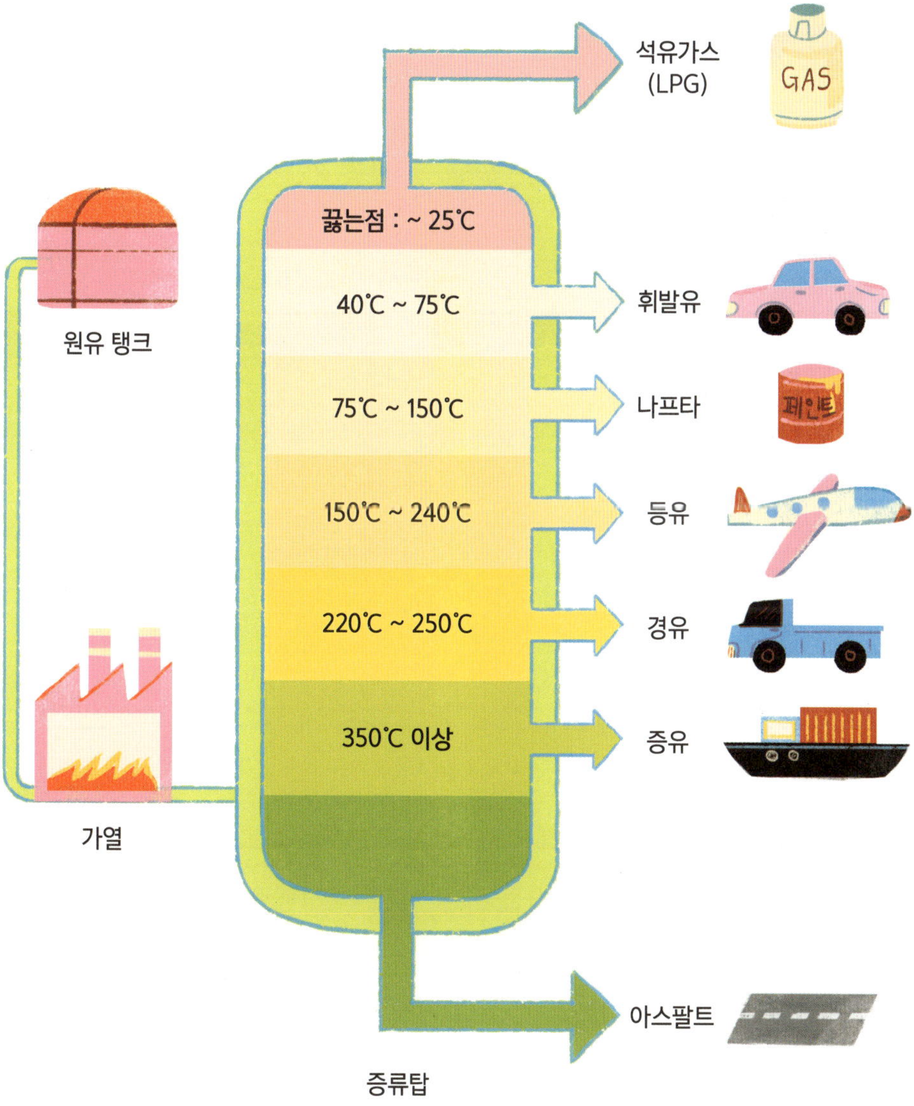

- 석유가스 (LPG)
- 끓는점: ~ 25℃
- 40℃ ~ 75℃ → 휘발유
- 75℃ ~ 150℃ → 나프타
- 150℃ ~ 240℃ → 등유
- 220℃ ~ 250℃ → 경유
- 350℃ 이상 → 중유
- 아스팔트

원유 탱크 / 가열 / 증류탑

(출처: SK이노베이션)

불꽃이 튀고 머리카락이 섰어요

전자가 밀고 당기며 이동하면서 만들어지는 에너지가 전기 에너지예요.
전기 에너지는 안전하고 사용하기 쉽고, 저장해서 옮기거나 이동시킬 수 있어요.

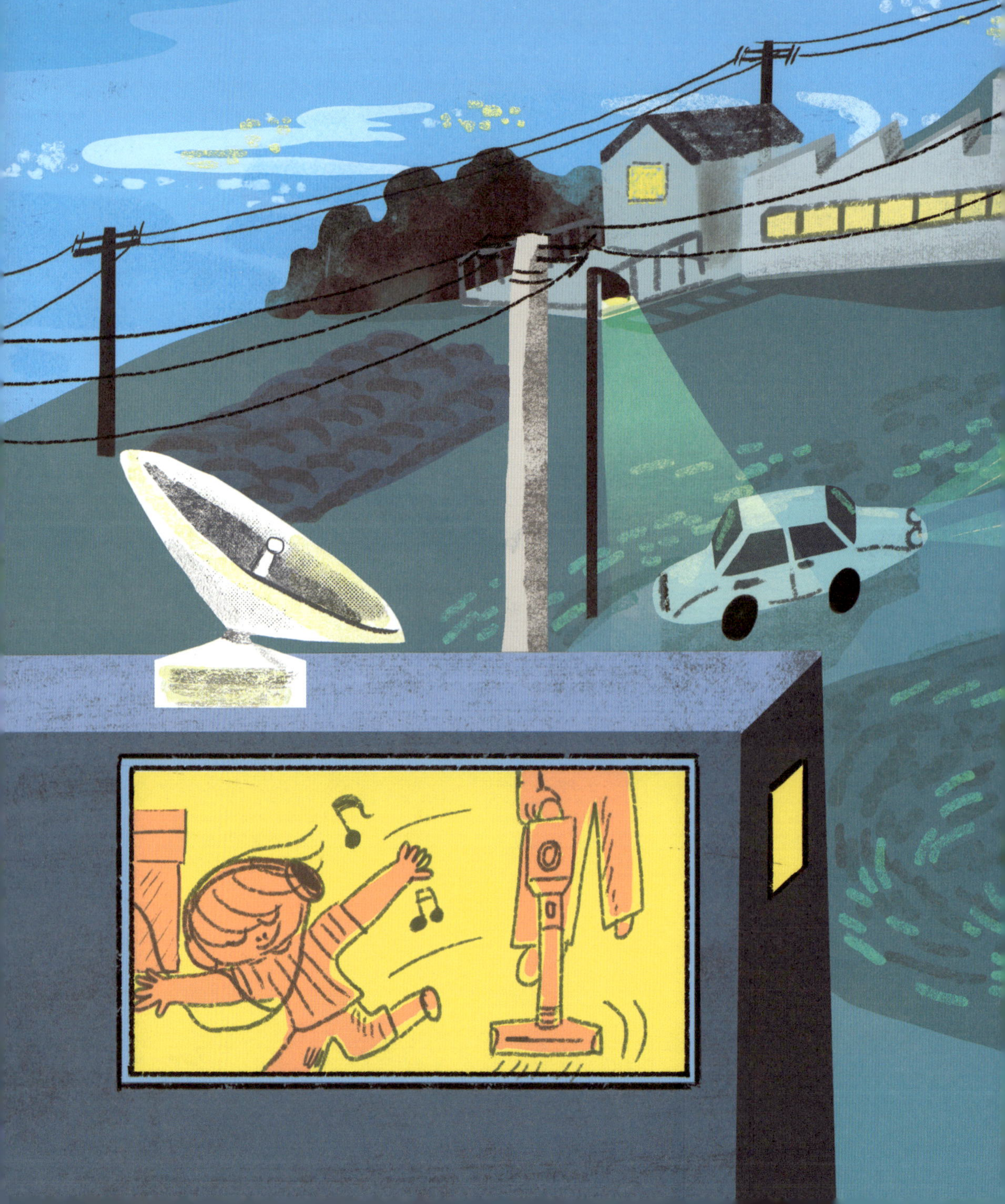

"어휴, 청소를 해도 먼지가 계속 붙네."

제제가 투덜거리며 더 힘껏 마른 천으로 실험 도구를 문질렀어요.

"닦을수록 먼지가 더 붙는 게 말이 돼? 줘 봐, 내가 해 볼게."

타니가 손을 내밀어 마른 천을 붙잡았어요. 그 순간, '파밧' 하는 소리와 함께 빛이 번쩍였어요.

"앗!"

타니가 비명을 지르며 천을 떨어뜨렸어요.

"괜찮아? 갑자기 불꽃이 튀었어, 그렇지?"

무디가 타니에게 달려왔어요.

"오늘도 어제처럼 반갑군."

마침 동키 박사가 출근하며 제자들에게 인사했어요. 동키 박사는 털모자를 벗어 옷걸이에 걸었어요.

큭, 풉! 제자들이 동키 박사를 보며 웃음을 참으려고 입을 막았어요.

"왜 그러나?"

"박사님, 머리가……. 푸하하하하!"

타니가 동키 박사의 머리카락을 가리키며 웃음을 터뜨렸어요. 동키 박사는 옷걸이 옆에 놓인 거울을 봤어요. 모자를 썼던 머리카락이 위로 솟아 있었어요.

"아, 하, 하, 하!"

동키 박사는 어색하게 웃으며 모자를 다시 썼어요.

"생각해 보니, 단팥빵, 아니 문어빵이 먹고 싶군. 내가 사 오겠네. 말리지 말게."

동키 박사는 허둥지둥 문손잡이를 잡았어요. 그런데 '파밧' 하는 소리가 나며 손잡이에서 불꽃이 번쩍했어요. 동키 박사는 손잡이에서 손을 떼며 비명을 질렀지요.

"이번에도 불꽃이 생겼어. 그런데 불꽃은 에너지잖아."

아까부터 생각에 잠겼던 무디가 불쑥 중얼거렸어요.

"무디 군, 자네 지금 뭐라 했는가?"

동키 박사가 휙 무디를 돌아봤어요. 동키 박사 눈이 빈쩍였어요.

"손잡이를 잡았을 때 불꽃이 튀면서 따끔했던 것도 에너지 아닐까요? 파워섬의 천불도 하늘에서 불꽃이 떨어진 거라고 했잖아요."

무디가 말했어요.

"박사님의 머리카락을 끌어당겨서 사방으로 뻗치게 만든 것도 에너지 아닐까요? 참, 아까 이 천으로 실험 도구를 닦았는데 오히려 먼지가 더 붙었거든요. 머리카락을 끌어당기고 먼지를 붙게 만드는 에너지가 있을 거 같아요."

이번에는 제제가 말했어요.

"그 천을 제가 만졌더니 좀 전처럼 불꽃이 튀고 뭔가 찌르듯이 손이

따가웠어요."

타니도 말했어요.

동키 박사가 눈을 감고 한참 가만히 있다가 눈을 뜨며 말했어요.

"자네들을 제자로 둬서 영광이야. 자네들이 새로운 에너지를 찾은 걸지도 몰라. 제자들, 문어빵이나 청소 따위는 잊어버리세."

동키 박사는 다시 모자를 옷걸이에 걸고 칠판 앞에 섰어요.

"저희가 새로운 에너지를 찾아요?"

제제가 깜짝 놀라 물었어요.

"그렇지. 자, 내 머리카락이 사방으로 뻗친 원인을 생각해 보세. 털모자를 벗을 때 머리카락이 사방으로 뻗치고 파밧 하는 소리와 함께 따끔거렸지. 머리에 털모자를 썼으니 머리카락과 털모자가 닿으면서 비벼졌어. 마찰한 거야. 타니 양이 마른 천을 만졌을 때도 마찬가지고. 내가 문손잡이를 잡았을 때도 손과 문손잡이가 마찰한 거야. 그 결과 머리털이 서고, 찌릿했지."

동키 박사가 손으로 머리카락을 쓱쓱 문지르며 말했어요.

"불꽃도 팍 튀었죠."

무디가 동키 박사의 말에 덧붙였어요.

"그렇지. 그리고 제제 군이 마른 천으로 플라스틱 실험 도구를 닦자 오히려 먼지가 더 달라붙었다지? 그것 역시 마른 천과 실험 도구가 마찰하면서 실험 도구가 먼지를 끌어당기는 힘이 생긴 거야."

"문손잡이나 털모자, 머리카락이 마찰하는 거랑 새로운 에너지가 무슨 상관이에요?"

제제가 물었어요.

"나는 모든 물질은 전기 에너지를 가지고 있다고 생각했네. 하지만 증명할 수 없었지."

"전기 에너지요?"

무디가 물었어요.

"응, 물질은 원자라는 아주 작은 알갱이가 모인 거야. 원자는 원자핵과 전자로 이뤄져 있고, 원자핵은 중성자와 양성자로 이뤄져 있다네."

동키 박사가 칠판에 원자를 그렸어요.

"양성자는 (+)전하를, 전자는 (-)전하를 띠고 있군요."

타니가 고개를 끄덕이며 말했어요.

"전자는 양성자와 개수가 똑같아. 그런데 전자가 움직이면 전기 에너지가 만들어지는 것 같아. 털모자와 머리카락이 마찰하는 순간, 전자가 한쪽에서 다른 쪽으로 이동한 거지."

"아하! 그러면 한쪽은 전자가 많아지고, 다른 쪽은 전자가 줄어들겠네요."

무디가 흥미를 보이며 말했어요.

"그렇지. 전자 수가 많아진 쪽은 (−)전기의 성질, 전자가 줄어든 쪽은 (+)전기로 변한 거야. 그리고 자석처럼 (+)와 (−) 성질이 된 두 물질이 서로 끌어당겨서 머리카락이 모자에 붙은 거고."

"진짜 자석과 비슷해요. 같은 극끼리는 밀어내고 다른 극끼리는 당기니까요."

제제가 말했어요.

"그렇지, 자석과 같지. 아! 흠, 자석이라······."

동키 박사는 대답하다가 갑자기 코가 간지러워졌어요.

"그래, 그거야! 전기와 자석은 비슷하지? 같은 성질끼리는 밀어내고, 다른 성질끼리는 끌어당기지. 자석의 N극은 S극, S극은 N극을 끌어당기니까."

"혹시 자석으로 전기를 만드실 거예요?"

눈치 빠른 제제가 동키 박사에게 물었어요.

"바로 그거네. 우리는 자석을 이용해서 오랫동안 사용할 수 있고 힘도 센 전기 에너지를 만들 걸세."

동키 박사와 제자들은 자석을 이용해 전기 에너지를 만드는 방법을 연구했어요. 그리고 전기 에너지를 기계로 이동시키는 데 필요한 전기가 통하는 금속도 찾았어요.

마침내 전기 에너지를 만드는 데 성공했어요.

"전기 에너지로 전구에 불을 밝히니까 밤이 낮처럼 밝아요. 역시 전기 에너지 최고! 전선만 있으면 어디든 전기 에너지를 보낼 수도 있고 사용하기도 편해요."

제제가 전등을 켜며 말했어요.

"맞아요. 석탄이나 석유는 연기도 나고, 냄새도 심하고, 계속 연료를 넣어야 했어요. 하지만 전기 에너지는 콘센트에 플러그만 꽂으면 돼요."

무디가 고개를 끄덕이며 맞장구쳤어요.

"뜨거운 물을 보온병에 보관하는 것처럼, 전기 에너지는 전지에 보관할 수 있어요."

타니도 환한 연구소를 둘러보며 감탄했지요.

"우리가 전기 에너지를 발견해서 정말 기쁘다네. 이제 파워섬에서는 전기 에너지로 작동하는 다양한 가전제품이 개발될 거야."

동키 박사가 제자들을 보며 환하게 웃었어요.

전기 에너지가 뭘까요?

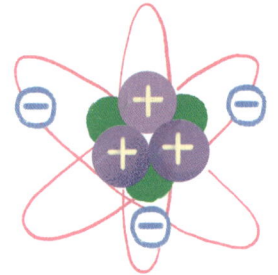

모든 물질은 원자라는 작은 알갱이로 이뤄졌어요. 원자는 (+)전하를 띠는 양성자, 중성자, (-)전하를 띠는 전자라는 더 작은 알갱이가 뭉친 거고요. 양성자와 중성자가 붙어 있는 걸 원자핵이라고 해요. 전자는 원자핵 주위를 매우 빠르게 돌고 있어요.

마찰하면 전기 에너지가 생겨요

두 물질이 마찰하면 원자의 바깥에 있던 전자가 다른 물질로 이동해요. 전자가 이동하면 한쪽은 양성자가 많으니 (+)전하의 성질이 되고, 다른 쪽은 (-)전하의 성질로 변해요. 자석처럼 전하도 같은 전하끼리는 서로 밀어내고 다른 전하끼리는 서로 당겨요. 전자가 움직이면서, 밀고 당기는 에너지가 만들어지는데 이 에너지가 전기 에너지예요. 이 전기 에너지는 움직이지 않고 물체에 머물러 있어서 정전기라고 불러요. 정전기는 불꽃을 만들고 금방 사라져요. 그래서 정전기가 있는 물체를 잡으면 손이 따가워요.

털가죽과 풍선의 (+)전하와 (-)전하의 수는 같아요.

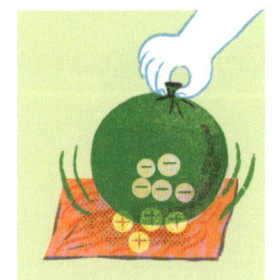

털가죽과 풍선을 문지르면 털가죽의 (-)전하가 풍선으로 이동해요.

털가죽은 (+)전하, 풍선은 (-)전하를 띠어, 서로 끌어당겨요.

전기 에너지의 특징

전기 에너지는 여러 특징이 있어요. 첫째, 전기 에너지는 가전제품을 통해 다른 에너지로 쉽게 바뀌어요. 전기밥솥, 헤어드라이어는 전기 에너지를 열에너지로 바꾼 제품이고, 손전등이나 형광등은 전기 에너지를 빛 에너지로 바꾼 제품이에요. 둘째, 전기 에너지는 건전지와 축전지에 저장해서 옮기거나 전선을 통해 쉽게 이동시킬 수 있어요. 셋째, 전기 에너지는 다른 에너지에 비해 비교적 안전하고 쉽게 사용할 수 있어요.

전기 에너지가 만들어지는 과정

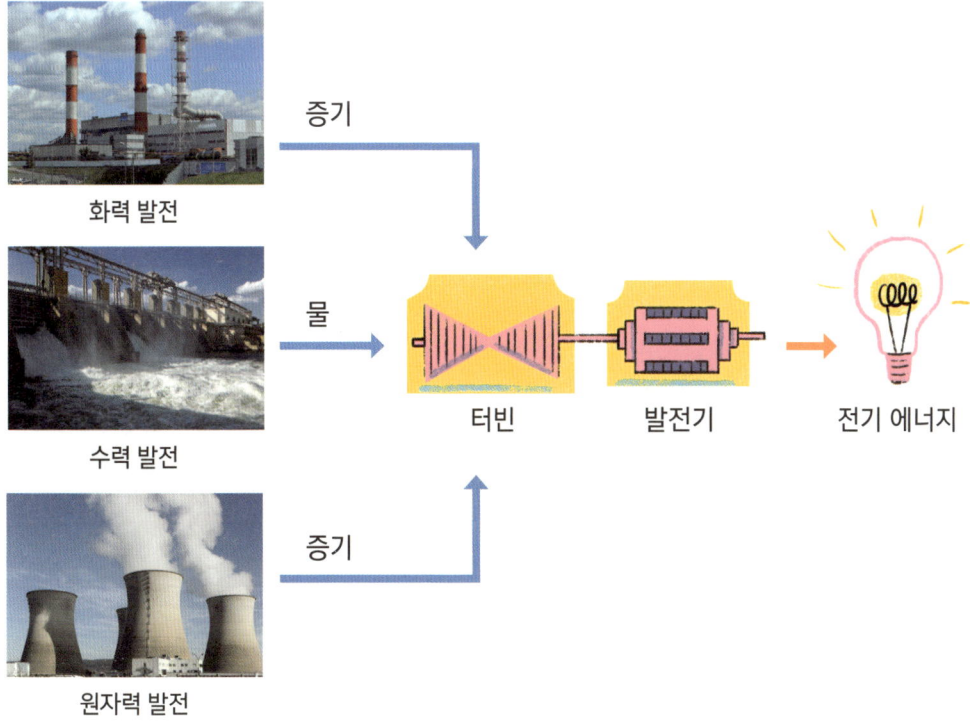

7장
원자핵을 쪼개면 에너지가 나와요

핵에너지는 우라늄 원자핵이 쪼개지는 핵분열 반응에서 나오는 열에너지예요.
이 열로 물을 끓여 터빈을 돌리고,
그 회전 에너지를 발전기로 바꾸어 전기를 만들 수 있어요.

동키 박사가 평소처럼 호빵을 사서 연구소에 출근했어요. 에너지 연구소는 전기 에너지를 발견한 뒤에 수소, 산소, 탄소, 철 등 다양한 원소를 연구하고 있었어요. 에너지 연구소 벽에는 원소 주기율표가 붙어 있었고, 탁자 위에는 제자들이 만든 원자 모형들이 가득했어요. 원소마다 원자의 양성자 수가 달랐어요.

"으음. 혼자 먹어도 역시 맛있어."

동키 박사는 호빵을 한입 크게 베어 물며 그동안 연구했던 자료를 훑어봤어요. 원소 주기율표와 원자 모형을 차례로 하나씩 확인했지요.

무디와 타니, 제제가 연구소에 도착했을 때, 동키 박사는 검지를 위로 들어 올린 채 눈을 지그시 감고 있었어요. 커다란 안경은 떨어질 듯 코끝에서 대롱거렸지요.

"박사님의 손가락을 봐. 분명 뭔가 고민이 있으신 거야."

무디가 속삭였어요.

한 시간쯤 지나서 동키 박사가 외쳤어요.

"그래, 한번 시도해 보자고! 아, 나의 제자들, 마침 잘 왔네. 내 생각을 좀 들어주게."

동키 박사가 제자들을 발견하고 말했어요.

"전기 에너지는 원자 속의 전자가 움직여서 만들어지네. 그런데 원자는 양성자와 전자만 있는 게 아니지. 중성자라는 게 있지."

"(+)전하, (−)전하는 띠지 않는 원자핵에 있는 중성자요?"

타니가 말했어요.

"타니 양이 정확하게 말했네. 그 중성자가 원자핵에 반응하면 원자핵이 분열하면서 엄청나게 큰 열에너지가 나오지."

"알고 있어요. 원자핵을 분열시켜서 핵폭탄을 만든 거잖아요."

제제가 시무룩하게 말했어요.

"맞다네. 핵폭탄은 파괴력이 엄청났고 수많은 인명 피해를 낳았지. 인류 역사에서 다시는 핵폭탄을 사용하는 일이 없어야 할 거야."

동키 박사가 얼굴을 붉으락푸르락하며 말했어요.

"그런데 박사님, 설마 원자핵을 이용해 보려는 긴 아니시죠?"

무디가 조심스레 말했어요.

"아, 맞다! 자네들, 내 생각을 좀 들어주게. 핵폭탄은 핵분열을 한꺼번에 일으켜서 엄청난 열에너지가 생기며 폭발하는 것이잖아. 그렇다면 만약에 핵분열 속도를 느리게 해서 천천히 핵분열이 일어나게 하면 어떨까?"

동키 박사가 코가 간지러운지 긁으며 말했어요.

"그렇다면 폭발이 일어나지 않으면서, 안정적으로 열에너지를 얻을 수 있겠네요."

제제가 흥미를 보이며 말했어요.

"그 열에너지를 이용해서 터빈과 발전기를 돌리면 전기를 생산할 수 있겠어요."

무디도 긍정적인 반응을 보였지요.

하지만 타니가 어두운 표정으로 말했어요.

"만약 핵분열 속도를 안정적으로 조절할 수 없으면 어쩌죠? 그리고 또 다른 문제도 있지 않을까요?"

"맞네. 타니 양이 또 맞는 말을 하는군. 핵에너지를 이용하려면 발전 시설을 만들어야 하니 돈이 많이 들지. 게다가 더 큰 문제는 핵분열을 일으킬 때 나오는 방사능 물질이 새어 나오지 못하게 안전하게 막아야 하는 거라네."

"으, 방사능이 새어 나오다니 생각만 해도 끔찍해요."

타니가 몸서리치며 말했어요.

"그래서 박사님께서 계속 고민 중이셨던 거군요."

제제가 고개를 끄덕이며 말을 이었어요.

"이건 우리끼리 정할 문제가 아닌 것 같아요. 파워섬 주민들에게 알리고 함께 의논하면 어떨까요?"

무디도 제제 편을 들며 말했어요.

"제제 말대로 하는 게 좋겠어요. 파워섬 주민들에게 핵에너지의 장점과 단점을 설명하고, 핵에너지를 사용하는 데 동의하는지 물어봐야 할 것 같아요."

동키 박사도 무디와 제제 말에 동의했어요. 결국 동키 박사와 제자들은 파워섬 주민들 앞에 섰어요. 동키 박사가 입을 열었어요.

"지금까진 화석연료를 연소시킨 열에너지로 물을 끓이고 그 증기로 전기를 만들었어요. 이제 원자핵이 분열하여 생긴 엄청난 열에너지로 물을 끓이면 전기를 더 많이 만들 수 있어요."

동키 박사는 이어서 핵에너지의 단점도 설명했어요. 파워섬 주민들은 동키 박사의 설명을 듣고는 각자 의견을 말했어요.

"에너지는 강하고 많을수록 좋은 거 아닙니까."

"전기를 만들 새로운 방법을 발견했는데 당연히 써야죠."

"하지만 원자력 발전소가 폭발하면 어떡하죠?"

"으악, 방사능 물질이 나오기라도 한다면 정말 큰일 아닙니까? 우리 몸을 파괴하고 암 같은 병을 일으킨다고 들었어요."

원자력 에너지에 반대하는 주민도 있었지만 대부분은 찬성했어요. 결국 파워섬의 첫 원자력 발전소가 번개산과 바다가 이어지는 곳에 세워졌어요.

드디어 원자력 발전소가 처음 전기를 만드는 날이 되었어요. 파워섬 주민들이 화려한 옷을 차려입고 커다란 자동차를 타고 와서는 축하하며 떠들었어요.

"파워섬에 에너지가 넘치니 얼마나 살기 편합니까. 하하하하."

"예전엔 어떻게 불을 피우고 살았는지 모르겠습니다. 불씨가 꺼지면 불씨를 빌려 왔잖아요. 흐흐흐흐."

"이제 원자의 힘으로 전기를 만드니 에너지를 더 펑펑 써도 되겠네요. 호호호호."

원자력 발전소 앞에서 동키 박사가 외쳤어요.

"이제 원자력 발전소에서 처음 만든 전기가 번개산을 밝히겠습니다. 모두 함께 외쳐 주십시오. 셋, 둘, 하나!"

구호에 맞춰 주민들이 함께 외쳤어요.

"점등!"

사람들이 외치자 원자력 발전소에서 만든 전기가 전선을 타고 원자력 발전소와 번개산 주위의 가로등을 차례로 밝혔어요.

"불을 환하게 밝히니 정말 아름답군."

사람들은 번개산 주위를 대낮처럼 환하게 밝힌 불빛을 보며 감격했어요.

하지만 고집 할아버지는 한숨을 쉬었어요.

"고집 할아버지, 무슨 걱정이 있으세요?"

나무꾼 아저씨가 고집 할아버지에게 물었어요.

"밤이 사라지지 않나. 더운 여름과 추운 겨울이 사라졌듯이."

"그런 고리타분한 말씀 마십시오. 더우면 짜증 나고, 추우면 감기에 걸립니다."

나무꾼 아저씨가 고집 할아버지에게 핀잔을 줬어요.

"파워섬이 풍요로워지는 건 나도 찬성이야. 하지만 파워섬에서 깨끗한 자연이 사라지고 있어. 그 맑던 공기와 깨끗한 물, 땅이 오염되고 있다고……."

"깨끗한 자연이 뭐가 중요합니까. 파워섬엔 에너지가 넘칩니다. 주민들은 편리하고 풍요로운 생활을 누리고 있다고요. 그게 중요한 거 아닙니까."

나무꾼 아저씨가 말했어요.

"난 파워섬의 미래가 걱정되는군."

고집 할아버지 표정은 여전히 어두웠어요.

핵에너지가 궁금해요

우라늄 원자핵이 분열하면 아주 강한 열에너지가 생겨요. 우라늄 원자핵에 중성자를 쏘면 중성자 수가 늘어난 원자핵이 분열하면서, 중성자 2, 3개가 밖으로 튀어나와요. 이 중성자들은 다른 원자핵에 들어가서 또다시 원자핵의 분열을 일으키고, 중성자 2, 3개가 튀어나오죠. 이런 식으로 계속 원자핵을 분열시키면 어마어마한 열에너지가 생기는 거예요. 이 열에너지로 물을 끓이고, 증기로 발전기를 돌려서 전기를 만드는 방식이 원자력 발전이에요. 처음에 무기로 쓰려고 개발했다가 에너지로 이용하게 되었어요.

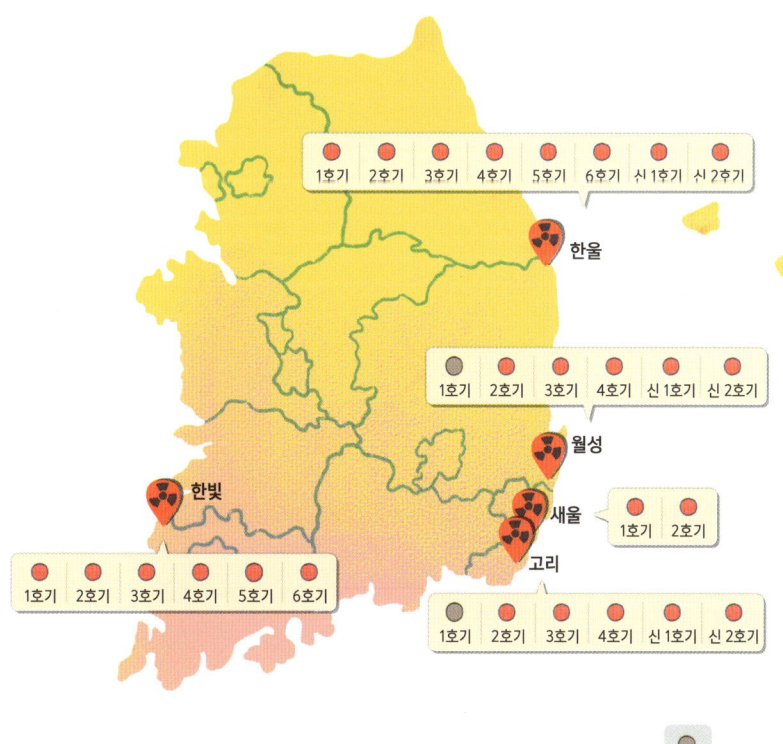

우리나라 원자력 발전소
(출처: 한국수력원자력)

핵에너지는 장점도 있지만 단점도 있어요

우라늄 1g으로 만드는 에너지는 석유 1800리터, 석탄 3000㎏을 태울 때 만드는 에너지와 같아요. 우라늄으로 전기 에너지를 만들면 화석연료로 만들 때보다 비용이 줄어요. 또 온실가스도 적게 나와요.

하지만 핵분열해서 만들어진 에너지는 핵폭탄에 사용할 만큼 강해요. 그래서 원자력 발전소를 잘 관리하지 못하면 큰 사고가 생겨요.

원자핵이 분열하면서 방사선이 나와요

방사선은 원래부터 자연에 있었어요. 병원에서 엑스레이를 찍을 때도 사용하고 암세포와 세균을 죽이는 데도 사용해요. 하지만 강한 방사선은 생물의 세포를 파괴해서 목숨을 빼앗거나 수십 년에 걸쳐 심각한 질병을 일으켜요. 또한 핵분열로 전기를 만들면 방사능 폐기물이 생겨요. 사용하고 남은 우라늄 찌꺼기, 전기를 만드는 데 사용한 모든 기계, 발전소에서 근무하는 사람이 입은 옷 등이 모두 방사능 폐기물이지요. 문제는 이 폐기물이 300년에서 30만 년까지도 방사선을 뿜어낸다는 거예요. 그러니 원자력 발전소에서 나오는 방사능 폐기물을 최소한 수백 년 동안은 완벽하게 보관해야 해요.

체르노빌 원자력 발전소 사고

1986년, 구소련의 체르노빌 원자력 발전소가 폭발했어요. 핵분열이 일어나는 원자로가 갑자기 터졌지요. 하늘까지 치솟은 거대한 불과 함께 발전소에서 새어 나온 방사능 물질이 그 일대를 오염시켰어요. 이 사고로 발전소 직원, 소방수, 사고를 수습하던 군인 등 8천여 명이 목숨을 잃었어요. 주민들은 모두 집을 버리고 대피해야 했어요. 방사능 물질은 바람을 타고 유럽 전역으로 퍼졌어요. 방사능 물질에 노출된 사람들은 암 같은 병에 걸리거나 기형아를 낳는 등 심각한 후유증을 앓고 있어요.

폭발한 체르노빌 원자로

일본 후쿠시마 원자력 발전소 사고

2011년, 일본에 지진이 일어나서 거대한 해일이 후쿠시마 원자력 발전소를 덮쳤어요. 발전소에 전기가 끊기지, 핵분열로 생긴 열을 식히고 방사능 물질을 막아 주는 장치들도 작동을 멈췄지요. 결국 엄청난 열 때문에 발전소가 폭발했어요. 방사능 물질이 발전소 밖으로 퍼졌지요. 시간이 꽤 흘렀지만, 피해는 여전히 계속되고 있어요. 후쿠시마 원자력 발전소는 오염된 방사능 물을 바다에 버리고 있어요. 바다와 바다 생물들이 오염되고 있지요. 이로 인해 생길 피해는 아직 알 수 없어요.

증기가 누출되고 있는
후쿠시마 제1원전 (2011년 3월 16일)

8장
전기가 사라진 세상

발전소에서 만드는 전기의 양과 우리가 쓰는 전기의 양이 서로 맞지 않으면, 발전기가 자동 탈락하면서 대규모 정전이 발생해요. 대정전은 영어로 블랙아웃이라고도 해요.

"어휴, 차가워. 아무리 한여름이라지만 연구소 온도가 너무 추운 거 아냐? 이렇게 에어컨을 마구 틀어도 돼? 버스에서도 에어컨을 튼 채 창문을 열고 달리더라니까. 요즘은 정말 에너지를 너무 낭비하는 것 같아."

무디가 연구소에 들어오며 투덜거렸어요.

"그게 에너지 발전입니다, 절약왕 무디 군. 더위에 축 늘어지는 것보다 에어컨을 빵빵하게 틀어서 시원한 게 좋지 뭘 그래? 우리 집은 이번에 에어컨을 새것으로 바꿨어. 이 외투도 신상품이야. 벌써 외투가 나왔더라. 어때, 잘 어울리지?"

제제가 새 외투를 어깨에 걸치고 빙그르 돌았어요.

"계속 새 상품을 사는 건 맘에 안 들어. 쉬지 않고 물건을 만드느라 공장 굴뚝마다 매연을 뿜어내는 것도 걱정이야."

"유행이 자꾸 바뀌니까……. 근데 매연은 나도 걱정이야. 밖에 나오면 목이랑 눈이 따가워. 두통도 생기는 것 같고."

제제가 말했어요.

"에너지를 낭비하는 것도 난 반대야. 화석연료는 쓰는 만큼 줄어드니까 아껴 써야지. 그리고 전기가 모자라니까 자꾸 정전이 되잖아. 어휴."

무디가 한숨을 쉬었어요.

"무디, 넌 걱정이 너무 많아. 석탄, 석유가 이렇게나 많은데 왜 에너지를 아껴? 에이, 네 걱정 때문에 나까지 우울해진다고."

제제가 코트를 옷걸이에 걸며 투덜거렸어요.

그 순간, 연구소의 모든 전등이 꺼지며 사방이 깜깜해졌어요. 전자 제품과 전화, 기계도 멈췄지요.

"뭐야, 또 정전이잖아!"

"그렇군. 에, 에, 에, 에이취, 프에이취."

불쑥 어둠 속에서 목소리가 들리더니 연거푸 재채기 소리가 이어졌어요.

"누, 누구야? 귀신이면 대답하지 말고 사람이면 대답해."

무디가 깜짝 놀라 어둠을 향해 소리쳤어요.

"동키 박사라는 사람이네. 놀랐다면 미안하군."

연구소 구석에 있는 소파에서 동키 박사 목소리가 들렸어요.

동시에 비상 발전기가 찌이이잉 돌아가는 소리가 들리고 연구소에 전기가 공급되었어요.

"어젯밤에 집에서 목욕을 하는데 갑자기 깜깜해지더니 샤워기에서 냉수가 쏟아졌네. 에취, 발가벗은 채 거품은 잔뜩 묻었는데, 참 당황스럽더군. 그런 일은 겪어선 안 되는 일이잖나. 그래서 크흡, 감기도 걸렸고."

동키 박사가 콧물을 들이마시며 말했어요.

"그래서 여기로 오셨어요?"

제제가 물었어요.

"거품만 헹구고 짐을 싸서 왔네. 그런데 타니 양이 꽤 늦는군. 설마 무슨 사고를 당한 건 아니겠지?"

동키 박사가 시계를 보며 시간을 확인했어요.

"사고를 당했어요. 케엑 케엑."

마침 타니가 심하게 재채기를 하며 연구소로 들어왔어요.

"사고라고……? 괜찮아?"

제제가 달려가 타니를 맞았어요.

"오는 길에 휘발유가 없어서, 에취, 버스가 멈췄어. 기사님이 근처 주유소를 다 돌아다녔는데도 휘발유가 없어서 못 샀다나 어쨌다나. 결국 연구소까지 걸어왔어. 케켁, 아, 대기 오염이 심해서 목이 너무 아파. 가슴도 답답하고."

타니가 목을 만졌어요.

"좀 전에 우리도 매연 걱정을 하고 있었어. 밖에 다니면 얼굴에 검댕이 묻어서 시커메지고, 냄새도 고약해."

그때 사이렌 소리가 요란하게 울렸어요.

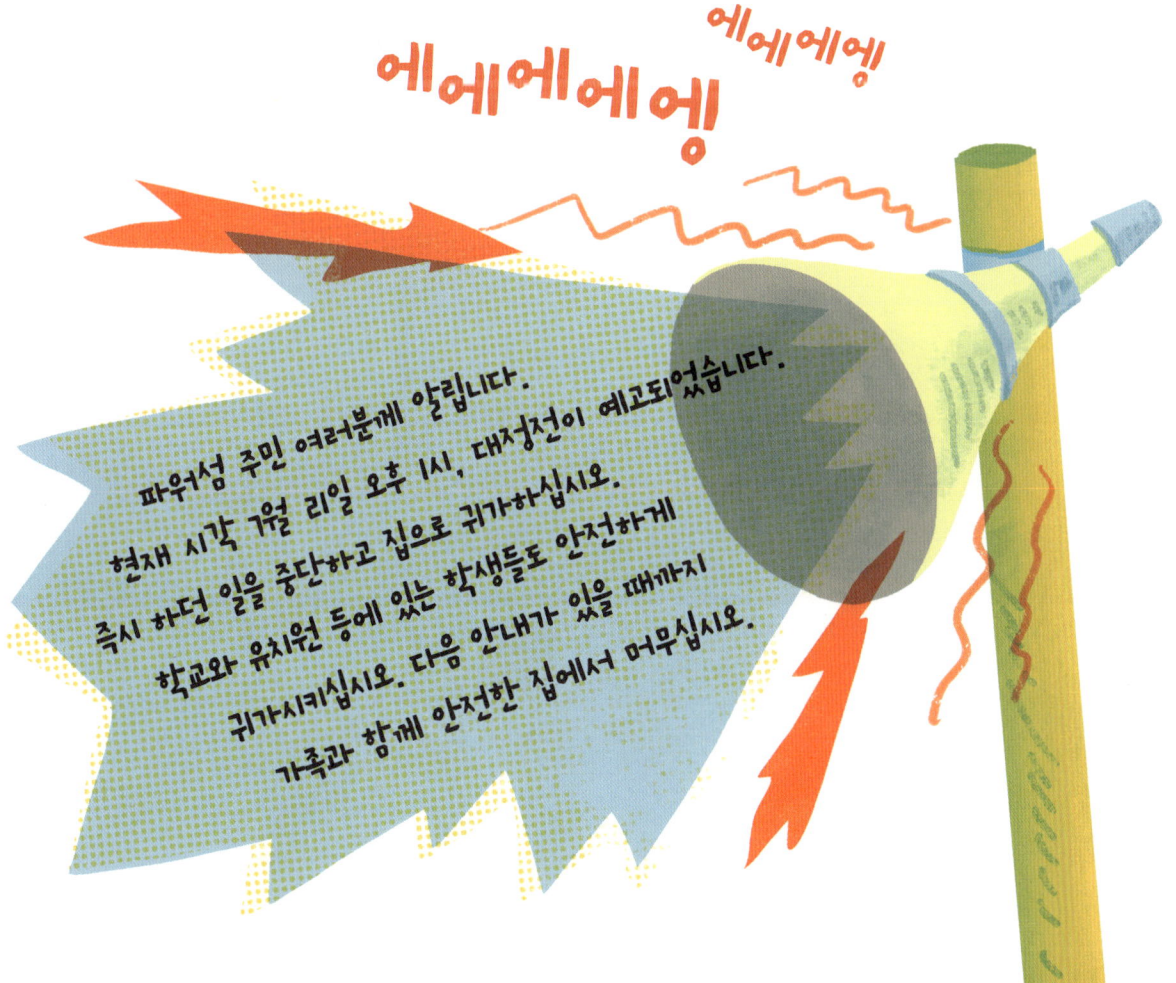

에에에에엥 에에에엥

파워섬 주민 여러분께 알립니다.
현재 시각 7월 리일 오후 1시, 대정전이 예고되었습니다.
즉시 하던 일을 중단하고 집으로 귀가하십시오.
학교와 유치원 등에 있는 학생들도 안전하게
귀가시키십시오. 다음 안내가 있을 때까지
가족과 함께 안전한 집에서 머무십시오.

"이게 도대체 무슨 일이지."

무디가 얼떨떨한 표정을 지었어요.

"파워섬에 심각한 에너지 문제가 생긴 걸세."

동키 박사가 중얼거리며 신경질적으로 코를 긁었어요.

"어휴. 또 엘리베이터에 갇히는 거 아냐!"

제제가 걱정스러워하며 중얼거렸어요.

한동안 침묵이 흘렀어요. 동키 박사가 침통한 표정으로 입을 열었어요.

"나는 오늘부터 에너지 연구소에서 살겠네. 파워섬의 에너지 문제를 해결할 방법을 찾아야지."

무디와 디니, 제제도 나섰어요.

"저희도요."

동키 박사가 고개를 끄덕이며 말했어요.

"자네들과 함께라니 무척 든든하군. 새 에너지와 에너지원을 개발한 것처럼 에너지 문제도 함께 해결해 보세."

 똑똑똑 에너지

대정전은 언제라도 생길 수 있는 사고예요

대정전은 대규모 정전 상황을 말해요. 발전소에서 만드는 전기가 우리가 쓰는 양보다 적거나, 반대로 전기 공급량이 너무 많아도 대정전이 발생해요. 대정전을 막으려면 전기의 수요와 공급을 잘 조절하는 게 중요해요. 전기를 저장하는 비용이 저렴하지 않기 때문에, 소중한 자원을 낭비하지 않도록 똑똑하게 꼭 필요한 만큼만 전기를 생산해야 해요. 또한 공급되는 전기의 양만큼만 쓰도록 노력해야 해요.

정전이 되면 어떤 일이 벌어질까요

전기 에너지로 움직이는 모든 게 멈출 거예요. 지하철, 엘리베이터, 에스컬레이터, 놀이기구 등이 멈추겠죠. 전기 에너지로 작동하는 텔레비전, 컴퓨터, 냉장고, 전화, 인터넷 등을 사용하지 못하고요. 신용카드도 사용할 수 없고, 은행에서 돈을 찾거나 입금할 수도 없지요. 그뿐인가요? 수돗물도 사용할 수 없어요. 수돗물을 보내는 펌프는 전기 에너지로 작동하니까요. 병원이 정전된다면, 정말 끔찍한 일이 벌어질 수 있어요. 환자를 치료하거나 수술하는 데 전기 에너지가 없으면 안 되니까요.

2003년 북미 대정전

미국의 뉴욕과 캐나다의 토론토 등에서 대정전이 발생했어요. 수천 건의 화재 신고가 있었고, 지하철과 엘리베이터에 갇힌 시민들의 구조 요청도 8만 건이나 되었어요. 일부 원자력 발전소가 가동을 중단했고, 당국은 즉각 비상사태를 선포하고 사고 수습에 나섰어요. 이 대정전으로 약 8조 원의 경제적 손실이 있었다고 해요.

블랙아웃 당시 미국 클리블랜드

2011년 일본 대정전

일본에 대지진과 쓰나미가 발생해서, 원자력 발전소가 파괴되었어요. 전력 생산이 중단되었고, 이로 인해 대정전이 발생했어요. 약 450만 가구가 정전이 되었고, 원자력 발전소에서 나온 방사능 물질이 바다와 육지를 오염시켰어요. 그 피해는 지금까지 이어지고 있어요.

2011년 대한민국 순환 정전

한국전력공사는 여름이 지나자 겨울철 전력 수요가 많아질 것을 대비하여 발전기들을 정비했어요. 그런데 9월 15일에 갑자기 기온이 올라갔고, 냉방기 사용이 급증했는데, 정비로 인해 정지된 발전기가 있어서 전력 공급은 줄어들었어요. 결국 대정전이 발생할 수 있어서 순환 정전이 시행되었지요.

순환 정전이 실시된 인천 부평구 일대 (2011년 9월 15일)

2012년 인도 대정전

여름이라 냉방기 사용이 늘어나면서 전력 사용량이 많아졌어요. 비마저 오지 않아서 수력 발전소는 전기를 제대로 생산하지 못했고요. 대정전이 발생했고 약 6억 2천만 명이 불편을 겪었어요. 지금까지 가장 많은 사람이 대정전의 피해를 겪은 사례예요.

2019년 베네수엘라 대정전

수력 발전소의 발전기가 고장 나서 베네수엘라 전체에 대정전이 발생했어요. 병원과 같은 의료 시설에도 전력이 공급되지 않아서 치료를 받지 못해 사망한 환자들이 있었어요. 베네수엘라 대정전은 한 달 이상 지속되어서 주민들이 공포에 떨었어요.

9장
반복해서 쓸 수 있고 깨끗한 재생 에너지

환경 오염이 적고, 반복해서 사용할 수 있는 재생 에너지는
태양열, 태양광, 풍력, 수력, 지열, 조류, 조력, 파력, 바이오매스 등을 이용해서 만들어요.
화석연료의 대안으로 재생 에너지를 개발하고 있어요.

블랙아웃이 발생하면서 외출 금지령이 내린 지 칠 일이 지나서야 외출 금지령이 해제되었어요.

"따끈한 호빵이 왔어요."

무디가 장난스럽게 동키 박사와 타니, 제제에게 데운 호빵을 건넸어요.

"고마워. 역시 단 음식을 먹으니까 기분이 나아진다."

제제가 호빵 하나를 입안에 밀어 넣으며 웃었어요.

"그래도 우리가 칠 일 동안 잠도 못 자고 환경 오염이랑 새로운 에너지원을 연구한 보람이 있어서 얼마나 다행인지 몰라."

타니가 호빵을 씹으며 말했어요.

"동감이네, 타니 양. 새로운 에너지원도 자네들 덕분에 성공할 것 같아."

동키 박사가 제자들에게 고개 숙이며 감사를 표했어요.

"바람개비와 물레바퀴 시합이 이렇게 도움이 될 줄 몰랐어요. 그때는 풍차를 만들어서 맷돌을 돌렸는데, 이번엔 풍차로 발전기의 터빈을 돌려서 전기를 얻을 수 있다니, 정말 신기해요."

타니가 말했어요.

"그뿐이야? 떨어지는 물의 힘을 이용하는 물레방아처럼, 이번엔 물이 흐르거나 떨어지는 힘으로 터빈을 돌려서 전기를 만들 거잖아. 역시 우린 박사님의 제자가 될 운명이었던 거야."

제제가 팔짱을 끼며 고개를 휙 쳐들었어요.

"이번엔 인정! 잘난 척할 만해, 제제."

무디가 물개 박수를 치며 고개를 끄덕였어요.

"무디, 네 아이디어도 놀라워. 태양 에너지로 전기를 만드는 건 난 상상하지도 못했어."

타니가 말했어요.

"맞아, 태양열과 태양광으로 전기를 만들 수 있다니, 진짜 멋져."

제제가 무디에게 엄지를 세워 보였어요.

"야, 박사님 앞에서 우리끼리 칭찬이냐? 부끄럽네, 히히."

무디가 머리를 긁적이며 웃었어요.

"나는 자네들 모두가 놀랍다네. 자연이 사라지고 있는 파워섬에서 자연의 힘을 떠올리다니, 얼마나 훌륭한가!"

동키 박사가 제자들을 둘러보며 미소 지었어요.

그때, 연구소 문을 두드리는 소리가 들렸어요. 똑똑똑. 목화 아줌마와 나무꾼 아저씨였어요. 두 사람은 마스크와 수건으로 코와 입을 가린 채 기침을 하며 들어왔어요.

"박사님, 호흡 곤란, 두통과 구토, 고열 환자가 늘고 있어요. 그런데 환자들이 서로 만난 적도 없는데, 같은 증상을 보인대요. 목숨을 잃기도 해요."

목화 아줌마가 울먹였어요.

"이런, 이런, 파워섬 사람들이 아프다니 저도 마음이 아픕니다. 하지만 전 에너지 박사예요. 환자를 치료하는 의사가 아닙니다."

동키 박사가 말했어요.

"이곳이 병원도 아니고요."

제제가 덧붙였어요.

"사람들이 아픈 이유가 환경 오염 때문이래요. 화석연료를 태워서 에너지를 만들면 다양한 오염 물질이 나온다잖아요. 제가 죄인이에

요. 매일 쉬지 않고 석탄을 때서 옷감을 만들었으니까요. 공장에서 나온 매연이 파워섬을 오염시킨 거예요. 흐흐흑."

목화 아줌마가 두 손으로 얼굴을 가린 채 울음을 터뜨렸어요.

"흠, 그렇게 따지면 저도 잘못이 많습니다. 저는 화석연료의 오염 물질들이 땅과 공기, 물을 오염시키고 나무와 야생 동물을 병들게 한다는 사실을 이미 알고 있었습니다. 숲과 강, 바다에서 죽은 식물과 동물을 많이 봤거든요. 하지만 화석연료를 많이 팔아서 돈을 벌 욕심에 모른 척했습니다."

나무꾼 아저씨가 이마를 감싸며 고개 숙였어요.

"그렇게 따지면, 화석연료를 찾고 증기기관을 만든 저희 잘못도 있습니다."

동키 박사가 말했어요.

"석탄, 석유, 천연가스 같은 화석연료가 파워섬을 풍요롭고 편리한 곳으로 발전시켰잖아요. 그러니 너무 자책하지 마세요."

타니가 목화 아줌마와 나무꾼 아저씨를 위로했어요.

"저희는 이미 에너지 문제와 환경 오염을 해결할 방법을 찾고 있었습니다."

동키 박사가 목소리에 힘을 주며 말했어요.

"해결 방법이 있나요?"

목화 아줌마와 나무꾼 아저씨가 간절한 눈빛으로 동키 박사와 제자들을 둘러봤어요.

"두 분이 얘기한 대로, 화석연료는 문제점이 많죠. 첫째, 화석연료를 사용하면 오염 물질과 온실가스가 나옵니다. 이것이 공기와 땅, 물을 오염시키고 지구의 온도를 높입니다. 자연이 오염되면, 그 속에 사는 생물도 피해를 입고요. 둘째, 화석연료는 한 번 사용하면 재생해서 사용할 수 없습니다. 땅속에 묻힌 양을 다 쓰면 더는 쓸 수 없어요."

동키 박사가 말을 이었어요.

"새로운 에너지원은 이미 찾았습니다. 새로운 에너지원을 이용하는 것이 합리적인지 실험하고 연구를 더 해야 하지만요."

동키 박사가 목화 아줌마와 나무꾼 아저씨를 보며 힘 있게 고개를 끄덕였어요.

"새로운 에너지원은 오염 물질을 만들지 않을까요?"

"새로운 에너지원은 계속 사용할 수 있을 만큼 넉넉한가요?"

목화 아줌마와 나무꾼 아저씨가 앞다퉈 물었어요.

"저희는 자연에서 에너지를 얻을 수 있는 방법을 찾았어요. 물과 바람의 힘으로 방아를 돌릴 수 있듯이, 자연은 에너지를 가지고 있어요. 바람과 물의 힘, 특히 태양 에너지는 엄청나죠."

타니가 말했어요.

"게다가 자연 에너지는 오염 물질을 만들지 않아요. 그리고 계속 사용할 수 있죠. 그래서 우린 이런 에너지를 재생 에너지라고 부르기로 했어요."

무디가 덧붙였어요.

"박사님, 재생 에너지 개발에 꼭 성공해 주세요. 오염 물질도 안 생기고, 계속해서 사용할 수 있는 에너지를 만들 수 있다면 저도 힘껏 도울게요."

목화 아줌마가 힘차게 고개를 끄덕였어요.

"저는 환경 오염을 줄이고 깨끗하고 안전한 에너지를 사용하자고 주민들을 설득하겠습니다. 우리가 함께 노력하면 분명 파워섬은 예전처럼 맑고 깨끗한 자연환경을 되찾고 새로운 에너지원으로 편리한 생활도 계속할 수 있을 겁니다."

나무꾼 아저씨의 눈빛이 빛났어요.

"다 같이 노력합시다."

동키 박사와 제자들, 목화 아줌마와 나무꾼 아저씨가 다짐했어요.

다양한 재생 에너지

재생 에너지는 태양열, 태양광, 풍력, 수력, 지열, 바이오 등에서 나오는 에너지예요. 나무, 석탄, 석유 등은 한 번 사용하면 다시 사용할 수 없지만, 재생 에너지는 반복해서 사용할 수 있어요. 그리고 화석연료와 원자력을 사용하면 오염 물질이 나오지만, 재생 에너지는 오염 물질이 아주 적게 나오는 친환경 에너지예요.

태양열 에너지

태양열을 흡수해서 열에너지로 변환하고 저장해서 건물의 냉방과 난방, 물을 데우는 데 이용해요.

태양열 발전소

태양광 에너지

태양 전지를 이용해서 태양의 빛 에너지를 받으면 곧바로 전기 에너지로 바꿔서 사용해요. 태양광을 받을 모듈을 넓게 설치해야 해요.

수력 에너지

하천에 댐을 건설해서 물이 흐르는 힘(운동 에너지)으로 터빈을 돌리거나, 물이 높은 곳에서 떨어지는 힘(운동 에너지)으로 터빈을 돌려 전기를 만들어요.

풍력 에너지

풍력 에너지는 풍차처럼 바람을 이용해요. 바람이 수력 발전기의 날개를 돌리면 날개와 연결된 축이 회전하면서 전기를 만들어요. 바람이 부는 곳 어디서나 전기 생산이 가능해요. 발전소를 짓기 쉽고, 비용도 적게 들지만, 바람이 불지 않으면 전기를 만들 수 없어요.

풍력 발전소

바이오 에너지

식물과 동물의 배설물, 균체 등을 이용해서 만드는 에너지예요. 유채와 해바라기의 씨앗을 짠 기름으로 연료를 만들어서 경유처럼 사용해요. 사탕수수와 옥수수, 감자 등을 발효시켜서 바이오 에탄올을 만들 수도 있지요. 바이오 에탄올은 휘발유처럼 사용할 수 있어요. 동물의 배설물이나 음식 찌꺼기 등을 발효시키면 바이오 가스를 만들 수 있어요. 바이오 가스로 난방을 하거나, 음식을 조리하고 조명을 밝혀요. 쓰레기를 태우는 소각장의 열에너지로 물을 데워서 주변 건물들이 난방을 하거나 전기를 만들 수 있어요.

해양 에너지

바다는 쉬지 않고 밀물과 썰물을 만들어요. 육지와 섬 사이에서 빠르게 흘러가는 바닷물을 이용해 전기를 만드는 조류 발전, 밀물과 썰물 때의 바닷물 높이 차이를 이용해 전기를 만드는 조력 발전이 있어요. 바닷물의 온도 차를 이용해서도 전기를 만들어요. 바다 깊은 곳은 온도가 매우 낮아서 바다 위쪽과 깊은 곳의 물의 온도 차이로 전기를 만들 수 있어요.

지열 에너지

지구에 도착하는 태양열의 47% 정도가 땅속에 저장돼요. 땅속 깊은 곳은 마그마가 끓고 있지요. 이런 지열(땅속의 열)을 이용해서 전기를 만들어요. 땅속 깊은 곳의 펄펄 끓는 지하수가 땅 위로 올라오면 차가운 공기와 만나서 증기로 변해요. 이 증기로 터빈을 돌려 전기를 만들지요. 뜨거운 지하수를 난방에 바로 사용하기도 해요. 보일러로 끓인 뜨거운 물이 관을 통해 집을 데우듯이, 뜨거운 지하수가 집을 따듯하게 해요.

지열 발전소

폐기물 에너지

생물학적으로 분해 가능한 가연성 폐기물을 태울 때 나오는 열에너지를 이용해서 고체, 액체, 가스 연료를 만들어요. 열에너지로 물을 데워 난방을 하지요.

10장

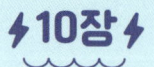

에너지 문제, 힘을 모아 해결해요

인류가 사용하는 에너지의 양은 늘어나는데, 화석연료는 점점 줄고 있어요.
게다가 환경 오염도 심각하고요.
에너지 문제를 해결하기 위한 에너지 정책이 시급해요.

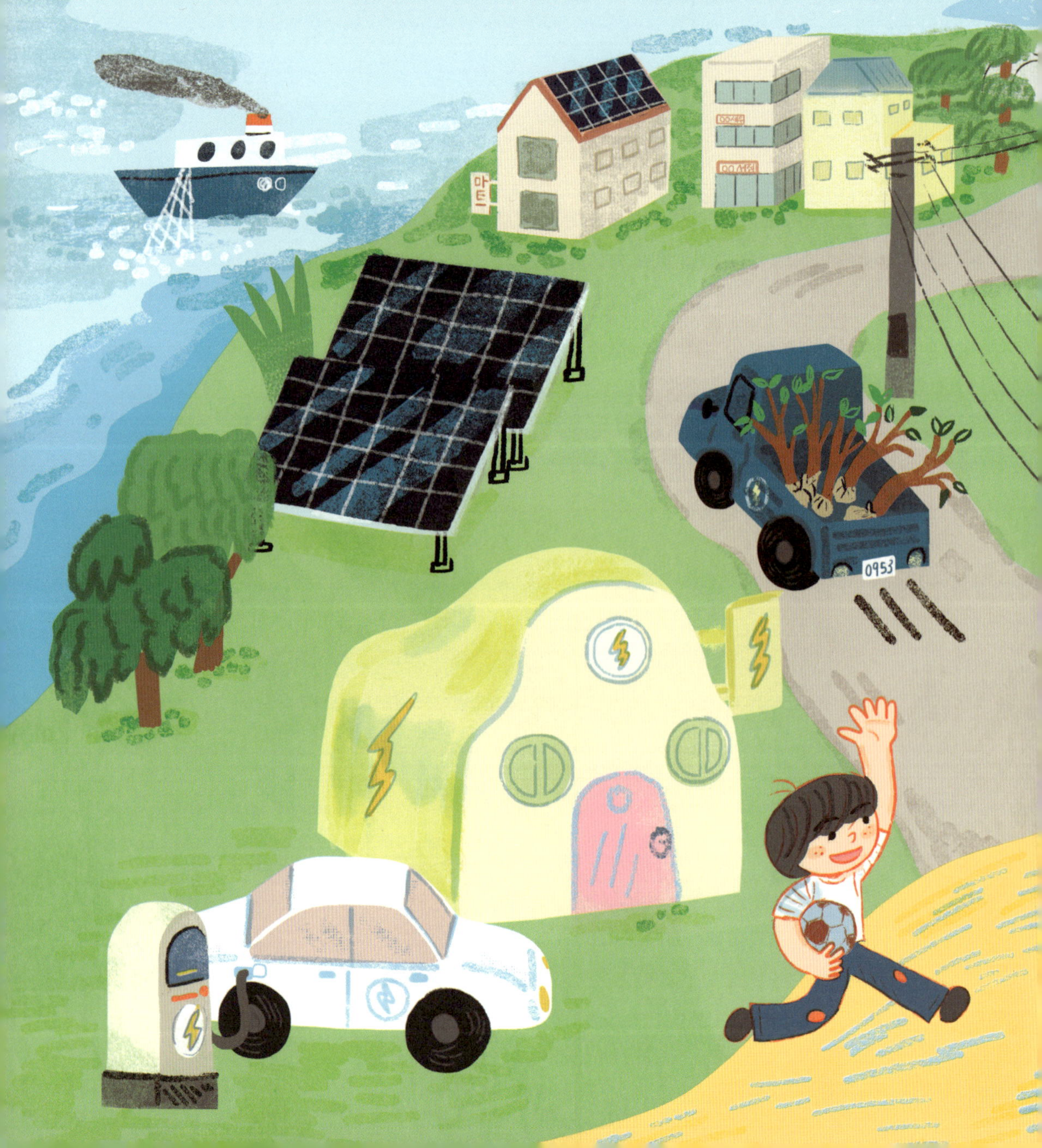

파워섬의 에너지 문제와 환경 문제를 해결하기 위해 '파워섬 에너지 문제 토론회'가 열렸어요. 동키 박사와 제자들, 에너지원을 생산하는 나무꾼 아저씨, 에너지를 이용해 제품을 생산하는 목화 아줌마와 호빵 아줌마, 고집 할아버지와 천불 할머니, 다양한 기계를 만드는 대장간 아저씨 등이 모였어요.

나무꾼 아저씨가 사람들을 둘러보며 말했어요.

"그동안 파워섬은 에너지를 개발해서 놀랍도록 빠르게 발전했습니다. 하지만 에너지로 인해 우린 대기 오염과 대정전을 겪었어요. 에너지를 함부로 사용하고 에너지원을 아끼지 않았으니까요. 이제 에너지 문제를 해결할 방법을 고민해야 합니다."

동키 박사가 일어나서 발표했어요.

"파워섬의 에너지원은 화석연료가 대부분입니다. 화석연료는 오염물질이 나오고, 생산량도 점점 줄어들고 있어요. 그래서 에너지 연구소는 재생 에너지를 개발하고 있습니다. 무한한 태양열, 태양광을 이용해서 에너지를 만들거나 물, 바람, 지열 등 자연에서 에너지를 얻는 방법 등이죠."

대장간 아저씨가 끼어들었어요.

"저기 잠깐만요. 새로운 에너지를 개발하는 것도 좋지만, 화석연료를 더 수입하거나 탄광을 더 찾거나, 새로운 원자력 발전소를 짓는

게 먼저 아닙니까?"

나무꾼 아저씨가 고개를 저었어요.

"석유가 부족해져서 석유를 수출하던 나라들도 더 이상 석유를 수출하지 않아요."

동키 박사가 말했어요.

"석유나 석탄 등의 화석연료를 더 찾는다고 해도, 지금처럼 화석연료를 마구 사용하면 대기 오염보다 더 심각한 환경 재난이 일어납니다. '지구 온난화'가 이미 시작되었어요."

호빵 아줌마가 물었어요.

"지구 온난화가 뭔가요? 닐씨가 더워진다는 말인가요?"

동키 박사가 설명했어요.

"지구 온난화는 지표면의 평균 온도가 올라가는 현상을 말합니다. 그 결과로 기후 변화가 일어나지요. 파워섬의 기후도 바뀌고 있어요. 파워섬뿐만 아니라 지구 전체의 온도가 올라가서 큰 재앙이 될 겁니다."

"화석연료 때문에 지구 온난화 현상이 생긴다고?"

천불 할머니가 물었어요.

"네, 화석연료를 사용하면 이산화탄소 같은 온실가스가 나와요. 온실가스는 지구를 이불처럼 덮어 태양열이 빠져나가지 못하게 해요.

그래서 기온이 올라가고, 육지에 쌓여 있던 빙하와 만년설이 녹아 바다로 흘러들어요. 그 때문에 바닷물의 양이 늘어나 해수면이 높아지면 우리 파워섬이 바다에 잠길 수도 있어요."

"세상에! 파워섬이 물에 잠긴다니!"

고집 할아버지가 놀라서 외쳤어요.

"그러니 지구 온난화를 일으키지 않는 재생 에너지를 개발해서 사용해야죠."

"화석연료 사용을 줄이고요."

"이산화탄소를 흡수하는 나무를 많이 심어야 해요."

타니, 무디, 제제가 차례로 말했어요.

"흠흠, 저는 동키 박사님이 개발한 재생 에너지를 만들고 있습니다. 이미 땅을 파서 지열 발전소를 지었습니다. 조수 간만의 차이가 심한 바닷가를 찾아 조력 발전소도 지을 생각입니다."

나무꾼 아저씨가 말했어요.

"조수 간만의 차이가 심한 곳은 여기, 갈매만이야. 밀물과 썰물 때 바닷물의 높이가 10미터나 차이 나니까, 조력 발전소를 세우기에 적당한 곳이지."

고집 할아버지가 주머니에서 파워섬 지도를 꺼내 갈매만을 가리켰어요.

"저는 옷감 공장 대신 예전처럼 농사를 지을 거예요. 유채와 해바라기, 사탕수수를 길러서 그 씨앗으로 연료를 만들 계획이에요. 바이오 연료죠."

목화 아줌마가 말했어요.

"그 연료를 사용하면, 매캐한 배기가스 냄새 대신 고소한 기름 냄새가 나겠어요. 제 공장 기계에도 바이오 연료를 쓰겠습니다. 기계가 고소한 냄새를 뿡뿡 풍기면 제 배가 더 고프겠지만요. 하하하하."

대장간 아저씨가 웃었어요.

"마을 주민들과 함께 타작하고 남은 짚을 보내 드릴게요. 그걸 발효시키면 바이오 에너지를 만들 수 있다면서요?"

호빵 아줌마가 목화 아줌마에게 말했어요.

"아휴, 감사해요. 벌써 훌륭한 에너지원을 얻었네요."

목화 아줌마가 환하게 웃었어요.

"파워섬은 축복받은 섬이라네. 에너지원이 다양하잖아. 조개사막만 해도 일 년 내내 햇볕이 내리쬐고 땅도 평평하지. 태양광이나 태양열 발전소에 적합한 곳일 게야."

"천불산과 바람고개는 바람이 많지. 풍력 발전소를 세우기 좋을 거라네."

고집 할아버지에 이어 천불 할머니가 말했어요.

파워섬 주민들은 대정전을 겪으며 에너지가 얼마나 소중한지 크게 깨달았어요. 그래서 일상생활에서 에너지를 만들거나 절약하는 방법을 찾아 함께 실천했어요. 그러고 나서 다시 토론회에 모여 서로 에너지를 절약하는 방법을 공유했어요.

"저희 집은 태양열 에너지 시설을 설치했어요. 집에서 쓰고 남는 전기는 전력 판매자에게 팔아요."

"저는 음식물 쓰레기를 모아서 발효시켜요. 그럼 바이오 가스가 생

기죠. 그러고도 남은 찌꺼기는 퇴비로 사용해서 텃밭을 가꾸고요. 그리고 한 번 사용한 식용유는 버리기 애매했는데, 지금은 주민 센터에 식용유를 모으는 통이 있어요."

대장간 아저씨 말을 이어 호빵 아줌마가 말했어요.

"그 폐식용유를 가공해서 자동차나 비행기 연료로도 사용합니다. 석유보다 오염 물질이 80퍼센트나 적게 나온답니다."

나무꾼 아저씨가 호빵 아줌마 말에 덧붙였어요.

"좋군, 좋아! 주민 스스로 깨끗한 재생 에너지를 만들어서 에너지를 자급자족하니 얼마나 좋아!"

고집 할아버지가 박수를 쳤어요.

"지금처럼 재생 에너지를 반복해서 쓰면 에너지 부족 문제도 해결하고, 환경 오염도 줄일 수 있겠어요."

목화 아줌마의 말에 이에 동키 박사도 한마디 했어요.

"재생 에너지는 지금의 에너지 문제를 해결하는 데 분명 도움이 될 겁니다."

"파워섬 주민들이 에너지 문제를 심각하게 여기고, 문제를 해결하려고 노력하는 모습이 무척 자랑스럽구먼."

천불 할머니가 사람들을 지그시 바라보며 말했어요.

"그럼, 그럼. 깨끗한 파워섬, 풍부한 에너지원은 우리 것이 아니야.

후세에게 빌려 온 것뿐이지."

고집 할아버지는 손수건으로 눈물을 닦았어요.

"토론회를 마치기 전에 더 하실 말씀 있습니까?"

나무꾼 아저씨가 동키 박사를 쳐다봤어요.

"깨끗한 환경, 편리한 에너지를 위해 다 함께 노력합시다. 약속!"

동키 박사가 새끼손가락을 내밀었어요.

"하하하하하. 약속!"

토론회에 함께한 주민들 모두 새끼손가락을 내밀었어요.

에너지 문제를 해결하기 위해 노력해요

에너지 사용량은 늘어나는데 화석연료는 점점 줄어들고 있어요. 화석연료에서 나온 오염 물질은 심각한 환경 파괴를 일으키고요. 이런 에너지 문제는 개인의 노력만으로 해결할 수 없어요. 정부도 친환경 에너지 정책을 펴고 있어요. 재생 에너지를 사용하는 정책이에요. 재생 에너지를 사용하면, 화석연료의 사용을 줄이고 온실가스 배출을 줄일 수 있어요. 또 에너지원을 계속 사용할 수 있지요.

에너지 절약 정책을 펼쳐요

에너지원을 개발해도 에너지를 낭비하면 소용이 없어요. 난방이나 냉방을 줄일 수 있는 건설 방법, 같은 양의 에너지로 더 많이 사용할 수 있는 방법을 찾기 위해 노력해요.
또한 재생 에너지를 사용하는 기업과 가정을 지원해요. 재생 에너지 발전 시설을 설치하는 가정에 설치비를 지원해요. 또 화석연료에 세금을 높게 붙여서 화석연료 사용을 줄이려 하지요. 이뿐만 아니라 정부는 전 세계 여러 나라와 함께 화석연료를 사용해서 생긴 환경 문제를 해결하기 위해 노력해요.

아파트 베란다에 설치한 태양광 모듈

다양한 재생 에너지 정책

전 세계 국가들이 기후 변화를 늦추기 위해 '파리 협정'을 맺은 이후, 우리나라는 재생 에너지 산업을 지원하고, 국민들에게 보급하는 정책을 펴고 있어요.

국민들에게 재생 에너지를 보급하기 위해 태양광, 태양열, 지열, 소형 풍력 등 재생 에너지원을 설치하는 주택과 건물에 정부가 설치비의 일부를 지원해요. 특히 공공 기관은 에너지의 34퍼센트(2024년 기준)를 재생 에너지로 사용해야 해요. 인천 국제공항 제2터미널의 지붕은 태양광 모듈을 설치했어요. 이 태양광 모듈에서 전기를 만들기 때문에 제1터미널보다 에너지 비용을 40퍼센트 줄인다고 해요. 이렇게 재생 에너지원을 설치하면, 에너지 사용료는 줄고 기후 변화도 줄이는 일석이조 효과가 있지요. 또한 자연스레 재생 에너지를 개발하는 기업, 연구소 등도 더 발전하게 되고요.

광역 지방 자치 단체를 지원하는 정책도 있어요. 대규모 해상 풍력 단지에 적합한 광역 지방 자치 단체를 선정해서 지원하지요. 군산, 인천, 여수 등이 선정되어 대규모 해상 풍력 단지를 준비 중이에요.

인천 국제공항 제2터미널 지붕의 태양광 모듈

추천의 글

　에너지는 눈에 보이지 않지만, 우리가 살아가는 모든 순간을 움직이게 하는 원동력입니다. 《여기는 파워섬 에너지를 배웁니다》는 어린이가 다소 낯설게 느낄 수 있는 다양한 에너지 형태와 원리를 동키 박사와 제자들이 파워섬에서 겪는 생생하고 흥미진진한 생활 속 이야기를 통해 자연스럽고 재미있게 전달합니다.

　이야기를 따라가다 보면 바람과 물, 나무처럼 자연에서 얻는 에너지부터 석탄과 석유와 같은 화석연료를 이용한 증기기관, 전기의 발견과 발전기의 발명, 핵분열 에너지를 이용한 원자력 발전까지 인류가 활용해 온 다양한 에너지원의 발달 과정을 시간의 흐름에 따라 자연스럽게 이해할 수 있습니다. 또한 각 장의 끝에는 꼭 알아야 할 과학 개념이 명확하게 정리되어 있어, 스토리텔링의 재미와 함께 과학적 이해도 탄탄히 쌓을 수 있도록 구성되어 있습니다.

　더구나 산업과 기술이 발달하면서 늘어난 에너지 소비가 초래한 미세 먼지, 매연, 지구 온난화와 같은 환경 문제들을 이야기 형식으로 풀어내어, 어린이가 에너지의 과학적 원리를 넘어 환경의 중요성까지 함께 고민해 보게 합니다.

풍력, 수력, 태양 에너지처럼 지구를 아끼는 재생 에너지의 필요성과 역할도 놓치지 않고 짚어 주어, 우리가 앞으로 어떤 에너지를 사용해야 하고 어떤 선택을 해야 할지 스스로 돌아보게 만듭니다.

《여기는 파워섬 에너지를 배웁니다》는 단순한 과학 지식을 넘어서, 생활 속에서 에너지를 발견하고, 이를 통해 지속 가능한 미래를 상상하고 실천하는 힘을 기르는 값진 과학 교양서입니다.

"왜?"

"어떻게?"

어린이 스스로 질문하며 세상과 만나는 첫걸음에 이 책이 좋은 길잡이가 되어 줄 것입니다.

정민경 (서울로봇고등학교 과학 교사)

여기는 파워섬 에너지를 배웁니다

펴낸날 초판 1쇄 2025년 7월 21일

글 서해경 | **그림** 김현영
편집 이정아 | **디자인** 이상원 | **홍보마케팅** 이귀애 이민정 | **관리** 최지은 강민정
펴낸이 최진 | **펴낸곳** 천개의바람 | **등록** 제406-2011-000013호 | **주소** 서울시 영등포구 양평로 157, 1406호
전화 02-6953-5243(영업), 070-4837-0995(편집) | **팩스** 031-622-9413
사진 Shutterstock, 위키미디어 코먼스, 100·101·124·125쪽 연합뉴스

ⓒ서해경·김현영, 2025 | ISBN 979-11-6573-651-4 73500

* 이 책은 저작권법에 따라 보호받는 저작물이므로 무단전재와 무단복제를 금지하며,
  이 책 내용의 전부 또는 일부를 이용하려면 반드시 저작권자와 천개의바람의 서면 동의를 받아야 합니다.

* 잘못 만든 책은 구입하신 서점에서 바꾸어 드립니다. 천개의바람은 환경을 위해 콩기름 잉크를 사용합니다.
* 종이에 베이거나 긁히지 않도록 조심하세요. 책 모서리가 날카로우니 던지거나 떨어뜨리지 마세요.

제조자 천개의바람 **제조국** 대한민국 **사용연령** 10세 이상